DAS GROSSE MOTIVTORTEN-BUCH

Beeindruckende Kuchenkunstwerke
Schritt für Schritt

AUTORIN: SANDRA SCHUMANN | FOTOS: MATHIAS NEUBAUER

DAS GROSSE MOTIVTORTEN-BUCH

**Beeindruckende Kuchenkunstwerke
Schritt für Schritt**

Autorin: Sandra Schumann | Fotos: Mathias Neubauer

Back doch mal was anderes

Für Freunde und Familie zu backen und besondere Momente zu versüßen, das ist ein Höhepunkt in meinen Koch- und Backabenteuern. Leuchtende Augen, wenn die Piñata-Torte geköpft wird, und verzückte »Ohhhs« und »Ahhhs« bei mehrstöckigen Zuckerwundern sind besonders schöne Augenblicke in meinem Backleben. Mit hübsch verzierten Torten bringt man Menschen an einen Tisch, teilt und genießt zusammen. Das ist einfach schön und macht glücklich – die Gäste genauso wie die Tortenbäcker.

Mit Motivtorten erlebt man nämlich neben der Freude des Teilens kreative Abenteuer der besonderen Art und kann sich so richtig austoben. Ideen zu entwickeln und in Torten umzusetzen sind kleine Herausforderungen, die ich sehr spannend finde. Ob kunterbunte Kinderträume, schokoladige Liebesgrüße oder explodierende Fondantkreationen – alles ist möglich. Neben wilden Konzepten erfordern diese Torten jedoch ein gewisses Maß an Technik, damit die Schokoladen- und Fondantkunstwerke auch gelingen. Aber keine Angst, alles lässt sich lernen. Egal ob Candy Cake oder Holzparkett, wenn man weiß wie es geht, ist alles machbar. In vier Kapiteln geht es deshalb neben tollen Rezepten und Anleitungen um so wichtige Grundlagen wie Spritztechniken, Tortenaufbau, verschiedene Zuckerpasten oder Färbe- und Dekortechniken. Daneben gibt es auch wertvolle Tipps und Tricks für die schnelle Hilfe bei Tortenunglücken, denn auch die kommen hin und wieder einmal vor.

Aber wer dem süßen Wahn einmal verfallen ist, der kann die Finger nicht mehr davon lassen und sieht plötzlich überall neue Tortenmotive und Gestaltungsmöglichkeiten. Ich wünsche Ihnen ganz viel Spaß beim Kneten, Ausrollen, Formen und Teilen Ihrer Kreationen.

Herzlich Ihre

Sandra Schumann

QUALITÄTS
G|U
GARANTIE

DIE GU-QUALITÄTS-GARANTIE

Wir möchten Ihnen mit den Informationen und Anregungen in diesem Buch das Leben erleichtern und Sie inspirieren, Neues auszuprobieren. Bei jedem unserer Bücher achten wir auf Aktualität und stellen höchste Ansprüche an Inhalt, Optik und Ausstattung. Alle Rezepte und Informationen werden von unseren Autoren gewissenhaft erstellt und von unseren Redakteuren sorgfältig ausgewählt und mehrfach geprüft. Deshalb bieten wir Ihnen eine 100 %ige Qualitätsgarantie.

Darauf können Sie sich verlassen:
Wir legen Wert darauf, dass unsere Kochbücher zuverlässig und inspirierend zugleich sind.
Wir garantieren:
• dreifach getestete Rezepte
• sicheres Gelingen durch Schritt-für-Schritt-Anleitungen und viele nützliche Tipps
• eine authentische Rezept-Fotografie

Wir möchten für Sie immer besser werden:
Sollten wir mit diesem Buch Ihre Erwartungen nicht erfüllen, lassen Sie es uns bitte wissen! Wir tauschen Ihr Buch jederzeit gegen ein gleichwertiges zum gleichen oder ähnlichen Thema um. Nehmen Sie einfach Kontakt zu unserem Leserservice auf. Die Kontaktdaten unseres Leserservice finden Sie am Ende dieses Buches.

GRÄFE UND UNZER VERLAG
Der erste Ratgeberverlag – seit 1722.

KV

INHALT

Tortenwerkzeug 1 – Was man haben sollte

Kreative Werkzeuge für Torten gibt es im Küchenfachhandel in Hülle und Fülle. Hier sind meine unverzichtbaren Tortenhelfer.

Fondantglätter

Der auch »Smoother« genannte Helfer ist der beste Freund des Tortenkünstlers. Mit ihm wird die Torte rundum schön eben und glatt. Für einen ebenen Tortenrand arbeite ich gerne auch mit zwei Glättern gleichzeitig. Dafür halte ich einen Glätter in jeder Hand und kann so Rand und obere Abschlusskante der Torte in einem einzigen Arbeitsgang glätten.

Paletten

Sie gibt es in unterschiedlichen Längen und Formen, gerade und abgewinkelt. Für meine Torten benutze ich am liebsten eine 15 cm lange, schmale Winkelpalette und eine 30 cm lange Streichpalette. Beide eignen sich zum Verstreichen von Cremes und Ganaches.

Rollstab, Teighölzer und Abstandsringe

Ein Rollstab gehört für das gleichmäßig dünne Ausrollen von Fondant und Marzipan einfach dazu. Im Unterschied zum Nudelholz hat der Rollstab keine Griffe, so lassen sich auch große Stücke einfach ausrollen. Griffe wären dabei nur im Weg, denn sie schränken die Ausrollfläche ein. Um die Dicke des ausgerollten Stücks genau zu bestimmen, helfen Abstandsringe oder Teighölzer: Abstandsringe zieht man rechts und links auf den Rollstab und rollt Fondant oder Marzipan dazwischen aus. Teighölzer werden links und rechts des Rollgutes platziert und dienen der Teigrolle als Auflage. So lassen sich auch größere Stücke perfekt bearbeiten.

Cake Boards und Cake Drums

Cake Boards oder Kuchenplatten sind stabile Unterlagen für die süßen Wunderwerke. Sie werden in unterschiedlichen Formen, Größen und Materialien angeboten. Schon bei der Zubereitung wird die Torte auf ein Cake Board gesetzt und kann dann nach ihrer Vollendung leicht umgesetzt oder darauf transportiert werden.

Vor allem mehrstöckige Torten erhalten dank dieser Boards die nötige Stabilität. Die etwas dickeren Cake Drums werden meist mit Fondant eingedeckt und passend zur Torte gestaltet.

Spritzbeutel mit Tüllen

Spritzbeutel und Tüllen gehören zur Grundausstattung in der Tortenwerkstatt. Zu den Must-have-Tüllen zähle ich Lochtüllen, offene und geschlossene Sterntüllen in verschiedenen Größen, eine Grastülle und kleine und große Rosentüllen. Blatt und Blütentüllen sind ebenfalls eine lohnende Anschaffung für tolle Buttercreme-Effekte. Spritzbeutel gibt es als Ein- oder Mehrwegvariante. Vorteil der Stoffversion ist der Adapter: Damit lässt sich die Tülle jederzeit bei gefülltem Beutel wechseln.

Nadel

Beim Weichkneten des Fondants oder beim Glätten der Torte schleichen sich hin und wieder kleine Luftbläschen ein. Am einfachsten rückt man ihnen mit einer Nähnadel zu Leibe. Die Bläschen damit anstechen und die Luft herausdrücken. Problem gelöst!

Teigkarte

Teigkarten sind etwa so groß wie Postkarten, biegsam und ideal zum glatten Einstreichen von Torten. Mit einer gewellten oder gezackten Teigkarte (Teigkamm) lassen sich Ränder und Oberflächen spielend leicht verzieren. Die kleinen Kunststoffhelfer gibt es günstig auch im Dreierset. Aber Achtung: Karte ist nicht gleich Karte! Achten Sie beim Kauf darauf, dass die Teigkarte einen rechten Winkel hat und dass beide Seiten am Winkel glatt sind – nicht gezackt oder gewellt. Zudem sollte der Winkel nicht abgerundet sein, damit man auch die Buttercreme an der unteren Spitze der Torte erwischen kann. Und die Karte sollte mindestens 10 cm lang sein und gut in der Hand liegen.

Tortenwerkzeug 2 – Für den Wunschzettel

Ist die Basisausstattung für die Tortenwerkstatt angeschafft, tauchen schnell neue Wünsche auf. Diese Helfer leisten wertvolle Dienste.

Drehteller

Der »Turntable« ist eine praktische Drehscheibe, mit der man wunderbar alle Ecken und Winkel der Torte erreicht. Auch beim Einstreichen ist der Drehteller eine wahre Wunderwaffe, denn statt die Teigkarte um die Torte zu bewegen, kann man den Kuchen drehen, was den geraden, glatten Einstrich sehr vereinfacht. Profi-Drehteller stehen meist auf einem Fuß, wodurch auch der untere Tortenrand gut erreichbar ist, oder sind kippbar für noch mehr Flexibilität. Bevor es auf den Drehteller geht, ein Cake Board mit Buttercreme oder Royal Icing (siehe S. 18) einstreichen, die Torte darauf platzieren und damit auf den Drehteller stellen.

Ausstecher

Ob Dackel oder Star Wars, Ausstechformen gibt es in allen erdenklichen Motiven. Neben einfachen Modellen gibt es auch Ausstecher mit Prägungsfunktion und Auswerfer. Besonders praktisch sind Ausstecher ohne Rückwand. Tolle Werkzeuge sind auch Pattern Presses. Sie funktionieren wie Musterstempel, die man leicht in den Fondant drückt und wieder abhebt. Danach zeichnet man das Muster mit Buttercreme nach.

Pinsel

Zum Auftragen von Lebensmittelkleber und zum Bemalen von Fondant ganz wichtig: Pinsel. Ich bevorzuge weiche Naturhaarpinsel aus dem Bastelbedarf. Zu meinem Sortiment gehören feine Pinsel zum Aufmalen von Gesichtern und Details, etwas dickere zum Schreiben und flache Lidschattenpinsel für Kleber & Co. Wichtig: Die Pinsel nach Gebrauch immer gründlich auswaschen und an der Luft trocknen lassen.

Airbrush-Gerät

Es ist zwar nicht ganz günstig, aber eine tolle Sache. Egal ob Farbverläufe, Muster oder Schatten – mit ein bisschen Übung kann man mit diesem Gerät zum wahren Verzierungskünstler aufsteigen. Das passende Gerät zu finden, ist jedoch gar nicht so leicht. Unterschiede gibt es neben der Verarbeitung oft bei der Kompressorleistung, der Düsengröße und dem Zubehör. Für Einsteiger gibt es praktische Sets mit allem Nötigen (z. B. von Städter).

Bordürenmatte für essbare Spitze

Der neueste Hit in Sachen Tortendekoration! Mit der Silikonmatte und dem dazugehörigen Pulver (z. B. von Städter) lässt sich essbare Spitze zaubern. Das Pulver einfach nach Packungsangabe mit Wasser mischen und quellen lassen. Dann mit der Teigkarte auf der Matte auftragen, bis alle Rillen exakt befüllt sind. Überschüssiges Material mit der Teigkarte abziehen und das Motiv im Ofen backen … fertig ist die essbare Spitze.

Silikonformen für Kuchen und Fondant

Einfach praktisch: Anstatt aufwendig Tortenböden zuzuschneiden bäckt man einfach gleich die Form, die man haben möchte. Meine Superhelfer sind Moulds für dreidimensionale Motive, besonders gut geeignet für Modellierfondant und Blütenpaste. Die Form mit Bäckerstärke auspinseln und ein Stückchen weichen Fondant hineindrücken, bis die Form glatt gefüllt ist. Den Überschuss abtrennen. Zum Herauslösen die Form in alle Richtungen dehnen.

Silikonmatte

Eine glatte, rutschfeste Silikonmatte ist für alle Arbeiten mit Fondant einfach unschlagbar. Dank des Materials kann man ohne Puderzucker und Stärke einfach drauflosrollen. Mein Tipp: Den Fondant auf die gewünschte Größe ausrollen und mithilfe der Silikonmatte – Fondant voran – auf der Torte platzieren. Die Matte lässt sich dann ganz einfach abziehen, und man vermeidet unschöne Risse in der Fondantdecke.

Arbeiten mit Marzipan

Schwierigkeit: ●●●
Für 125 g

100 g Marzipanrohmasse
25 g Puderzucker
Lebensmittelfarbe (Paste)

AUSSERDEM:
Silikonmatte

Bäckerstärke
Rollstab
Einweghandschuhe
Ausstecher (z. B. für Blüten)
5-Blatt-Rosenausstecher
3 Zahnstocher

Silikonform (Mould)
Lebensmittelkleber
Geodreieck
Zuckerperlen

2 Zum Einfärben wenig Pastenfarbe zur Marzipanmasse geben und unterkneten, dabei unbedingt Einweghandschuhe tragen. Nach und nach mehr Farbe unterkneten, bis der gewünschte Farbton erreicht ist.

1 Eine Mischung aus Marzipan und Puderzucker lässt sich besonders leicht bearbeiten. Dafür Rohmasse und Puderzucker auf der Arbeitsfläche verkneten. Die Silikonmatte mit Bäckerstärke bestreuen und die Masse mit dem Rollstab darauf ausrollen. Übrigens: Marzipanrohmasse ist nicht weiß. Wer ein reines Weiß haben möchte, muss die Masse einfärben.

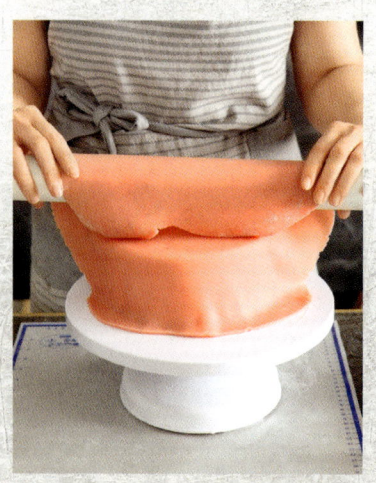

3 Marzipan ist nicht so flexibel und dehnbar wie Fondant und lässt sich nicht so dünn ausrollen. Auch darf die Marzipandecke beim Bearbeiten nicht zu warm werden. Tipp: Die ausgerollte Marzipandecke mit Rollmatte oder -stab auf der Torte platzieren und die Matte dann entfernen.

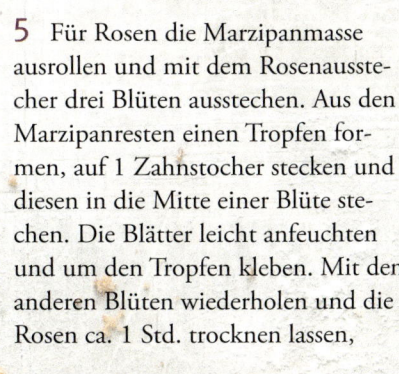

5 Für Rosen die Marzipanmasse ausrollen und mit dem Rosenausstecher drei Blüten ausstechen. Aus den Marzipanresten einen Tropfen formen, auf 1 Zahnstocher stecken und diesen in die Mitte einer Blüte stechen. Die Blätter leicht anfeuchten und um den Tropfen kleben. Mit den anderen Blüten wiederholen und die Rosen ca. 1 Std. trocknen lassen,

4 Zum Ausstechen die Arbeitsfläche mit Bäckerstärke bestreuen und die Ausstecher kurz in Stärke tauchen. Vor allem gefärbtes Marzipan ist oft klebrig. Mein Tipp: Die Masse zwischen zwei Lagen Frischhaltefolie ausrollen und ca. 20 Min. kühlen, bevor es ans Ausstechen geht.

6 Silikonformen gibt es in verschiedenen Härtegraden. Ich bevorzuge die härteren Modelle und kühle sie vor der Verwendung. Für Marzipan eignen sich besonders einfache, wenig detaillierte Formen. Achtung: Schnell verwenden, damit nichts austrocknet.

8 Zum kompletten Eindecken der Torte bieten sich Marzipandecken an. Man kann sie wie Fondant glatt auflegen. Für einen Lagenlook gleich große Kreise ausstechen und die Torte am unteren Rand beginnend mit den Kreisen in Reihen eindecken. Auch zweifarbig sehr schön.

7 Marzipandekorationen werden mit klarem Alkohol (z. B. Wodka), Wasser, Royal Icing (siehe S. 18) oder Lebensmittelkleber an der Torte befestigt. Ich bevorzuge Kleber, er ist geschmacksneutral und haftet perfekt. Den Kleber gibt es gebrauchsfertig, oder man mischt ihn aus CMC und Wasser im Verhältnis 1:4 selbst.

9 Für ein Steppmuster am oberen Tortenrand in regelmäßigem Abstand kleine Löcher stechen. Das Dreieck im 45°-Winkel ansetzen und an der langen Seite eine schräge Linie zum unteren Tortenrand ziehen. Das Dreieck drehen, erneut um die Torte gehen und Linien ziehen. Auf die Kreuzungspunkte Zuckerperlen setzen.

Das Cake Drum eindecken

Schwierigkeit: ●●●
Für 1 Tortenplatte

Cake Drum
Fondant (siehe S. 162)

AUSSERDEM:
Fondantglätter

Rollstab
Pinsel
Bäckerstärke
Messer
Nadel

doppelseitiges Klebeband
Stoffband
Schere

1   Besonders schön päsentiert man seine Torte auf einem Cake Drum. Handelsübliche Modelle sind oft gold oder silber überzogen und passen nicht zur Torte. Für einen tollen Gesamteindruck deckt man die Platte daher ein. Ein paar Kniffe peppen sie zusätzlich auf: Mit einer Prägematte oder einem Ausstecher lassen sich Muster, Zahlen oder Motive in den Fondant drücken.

2   Das Cake Drum mit einer Fondantfarbe eindecken und eine zweite Fondantfarbe dünn ausrollen. Daraus Formen (z. B. Blüten) ausstechen und die Fondantdecke anschließend auf dem Drum platzieren.

3   Mit Prägerollen lassen sich einfach und schnell Muster in den noch weichen Fondant rollen. Dabei nicht zu fest aufdrücken, um den Fondant nicht über den Rand zu drücken.

5 Den Fondant weich kneten und eine Kugel formen. Die Arbeitsfläche dünn mit Stärke bestreuen. Achtung: nicht zu viel, da sonst unschöne Risse entstehen können. Den Fondant gleichmäßig 5–6 mm dick ausrollen. Dabei die Kugel mehrfach drehen und von der Mitte zum Rand rollen.

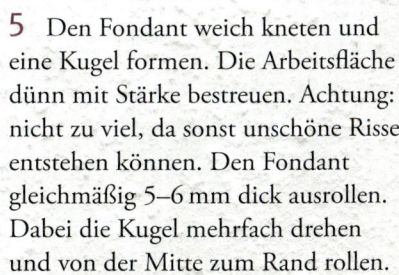

4 Das Cake Drum sollte 5–8 cm größer als die Torte sein. Neben ausreichend Fondant braucht man als Werkzeug noch einen Fondantglätter, einen Rollstab, einen Pinsel, Stärke, ein Messer und eine Nadel. Für den Rand benötigt man doppelseitiges Klebeband, ein schönes Stoffband und eine Schere.

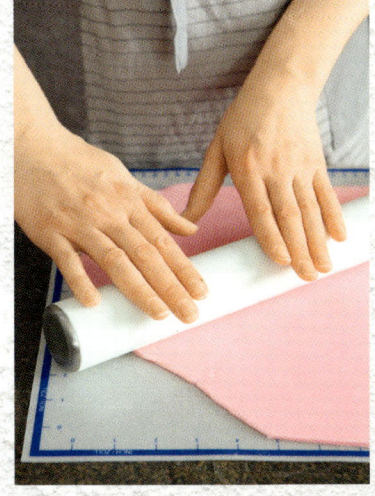

6 Das Cake Drum mit dem angefeuchteten Pinsel einstreichen. So haftet der Fondant besonders gut.

8 Den überschüssigen Fondant mit einem scharfen Messer rundum abtrennen. Dazu das Cake Drum mit einer Hand hochhalten. Mit der anderen Hand das Messer führen und im 90°-Winkel am Plattenrand entlang schneiden. Die Kante mit dem Finger vorsichtig glatt streichen.

7 Den Fondant mit dem Rollstab aufnehmen und auf dem Cake Drum platzieren. Dabei darauf achten, dass keine Bläschen entstehen. Wenn doch, vorsichtig mit der Nadel anstechen und die Luft herausdrücken. Die Oberfläche mit dem Glätter so lange glatt streichen, bis der Fondant eben und fest am Board haftet.

9 Das Klebeband um den Rand der Platte kleben und das Stoffband daran befestigen. Wer möchte, kann auch noch Schleifen oder andere dekorative Elemente anbringen. Das fertig überzogene Cake Drum mindestens 24 Std. trocknen lassen.

Einstreichen und einschlagen

Schwierigkeit: ●●●
Für 1 Torte (12 Stücke)

1 halbierter und gefüllter Tortenboden (20 cm ∅, z.B. Vanilleboden,
  siehe S. 26)
1 Rezept Buttercreme (siehe S. 35)
750 g Fondant (siehe S. 162)

AUSSERDEM:
Cake Board (25 cm ∅)
Drehteller
rechteckige Teigkarte
Palette
Tortenkamm (gewellt oder gezackt)

Bäckerstärke
Silikonmatte
Rollstab
Nadel
Fondantglätter
Pizzaschneider

2 Die Torte mit der restlichen Buttercreme einstreichen. Dabei die Teigkarte am Tortenrand und zugleich auf
dem Drehteller gerade aufsetzen. Mit
einer Hand die Karte gerade halten,
mit der anderen den Teller Stück für
Stück drehen.

1 Den gefüllten Tortenboden auf das Cake Board setzen und auf dem Drehteller platzieren. Etwa ein Drittel der Buttercreme auf die Torte geben und mit
der Teigkarte oder Palette rundum glatt einstreichen. Diese dünne Schicht
(Crumb Coat) schließt Kuchenkrümel ein und erlaubt ein sauberes Ergebnis.
Die Torte vor dem Weiterverarbeiten ca. 1 Std. kalt stellen.

3 Tolle Muster am Tortenrand ergibt ein gewellter oder gezackter Tortenkamm. Den Kamm an der Torte
ansetzen und den Teller drehen oder
den Kamm freihändig von unten
nach oben durch die Creme ziehen.
So verzierte Torten werden dann
nicht mehr mit Fondant eingedeckt.

5 Den Fondant weich kneten und auf der mit Stärke bestäubten Silikonmatte mit dem Rollstab 4–5 mm dick ausrollen. Achtung: Die Arbeitsfläche unbedingt sauber halten, denn nichts ist ärgerlicher als ein Fussel im fertigen Meisterwerk.

4 Je besser die Unterlage für den Fondant, desto formschöner wird am Ende die Torte. Deshalb die Buttercreme mit einer Palette schön glatt streichen und die Torte vor dem weiteren Bearbeiten gut kühlen.

6 Haben sich in der Fondantplatte Luftbläschen gebildet, mit einer Nadel aufstechen. Die Torte mit einem angefeuchteten Küchentuch rundum abtupfen. Die Fondantplatte mit der Silikonmatte aufnehmen und so über die Torte legen, dass rundum gleich viel Fondant überhängt.

8 Den Fondant rundherum mit dem Pizzaschneider grob kürzen. Jetzt erneut mit dem Glätter um den Rand fahren und überstehende Fondantränder leicht andrücken. Erst dann die Kante gerade abschneiden. Diese beiden Schritte sind in dieser Reihenfolge wichtig, da die Fondantdecke sonst leicht zu kurz gerät.

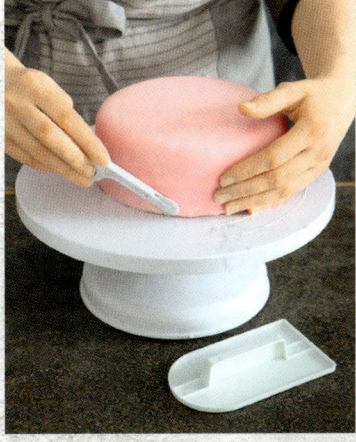

7 Den Fondantglätter ohne Druck aufsetzen, gerade halten und die Oberfläche mit kreisenden Bewegungen glatt streichen. Nun den Fondant auch an der Seite rundum glatt an den Tortenrand streichen. Dabei von oben nach unten arbeiten und den Drehteller zu Hilfe nehmen. Ich arbeite gern mit zwei Glättern und drehe die Torte zwischen beiden.

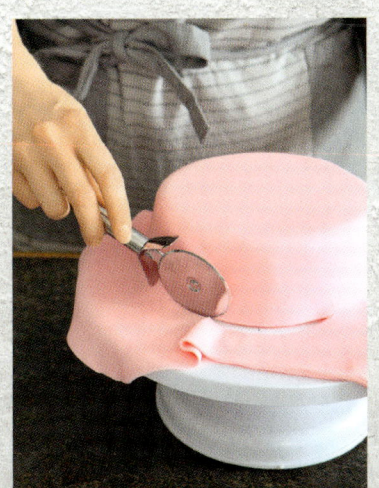

9 Für einen exakten Abschluss verwende ich ein kleines Schneidrad. Mein Tipp: Unschöne Kanten lassen sich prima mit kleinen Buttercreme-Pünktchen verdecken. Diese einfach um den unteren Tortenrand herum aufspritzen. Oder man legt ein hübsches Stoffband um die Torte. Das Band mit Royal Icing (siehe S. 18) oder Lebensmittelkleber befestigen.

Aufbau mehrstöckiger Torten

Schwierigkeit: ●●●
Für 1 Torte (28 Stücke)

FÜR DAS ROYAL ICING:
250 g gesiebter Puderzucker
1 Eiweiß (M)
1 TL Zitronensaft

AUSSERDEM:
3 eingestrichene und eingeschlagene
Tortenböden (20, 15 und 10 cm Ø,
siehe S. 26–29)
3 Cake Boards in Größe der Böden
(20, 15 und 10 cm Ø)

Zahnstocher
16 Holzstäbchen (20 cm lang)
1 bleistiftdicker Holzstab (25 cm
lang, nach Belieben)
Spritztüte (siehe S. 39)

1 Royal Icing ist der »Baustoff« beim Zusammensetzen und Dekorieren von Torten. Dafür Puderzucker und Eiweiß mit den Quirlen des Handrührgeräts langsam verrühren. Den Zitronensaft zugeben und die Masse mit etwas höherer Geschwindigkeit weiterrühren, bis sie fest ist. Das Icing mit einem feuchten Küchentuch abgedeckt bis zur Verwendung kühlen.

2 Den großen Tortenboden mit etwas Royal Icing auf dem großen Cake Board fixieren. Dann das Board des mittleren Bodens (15 cm Ø) mittig auf die Torte legen. Mit dem Zahnstochen rundherum fahren und so einen Kreis anzeichnen.

3 Am inneren Rand der Markierung 1 Holzstäbchen gerade bis zum Cake Board in den Tortenboden stecken. Am Stäbchen die Stelle markieren, wo die Torte aufhört. Das Stäbchen herausziehen und weitere 7 Stäbchen auf die markierte Höhe zuschneiden.

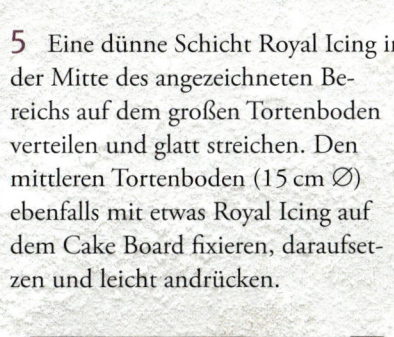

5 Eine dünne Schicht Royal Icing in der Mitte des angezeichneten Bereichs auf dem großen Tortenboden verteilen und glatt streichen. Den mittleren Tortenboden (15 cm ∅) ebenfalls mit etwas Royal Icing auf dem Cake Board fixieren, daraufsetzen und leicht andrücken.

4 Die Stäbchen dann im angezeichneten Kreis verteilen. Für optimale Stabilität die Stäbchen in regelmäßigem Abstand am Kreisrand platzieren und ein Stäbchen-Dreieck in der Mitte formen. Mit dem zweiten Boden genauso verfahren, dabei das kleine Cake Board (10 cm ∅) zum Anzeichnen verwenden.

6 Etwas Royal Icing in die Spritztüte füllen und den kleinen Spalt zwischen den beiden Tortenetagen damit verdecken. Dabei kann man das Icing unauffällig dünn in der Farbe der Torte auftragen oder auch als Dekorationselement einsetzen.

8 Zuletzt den kleinen Tortenboden (10 cm ∅) mit dem Cake Board aufsetzen. Um keine Fingerabdrücke im Fondant zu hinterlassen, arbeite ich mit einer Palette und einem Fondantglätter und berühre den Tortenboden mit den Händen nur am Cake Board.

7 Bei besonders schweren Torten empfiehlt es sich, die gesamte Torte in der Mitte mit dem dicken Holzstab zu stabilisieren. Dafür den Stab in der Mitte des mittleren Bodens gerade bis zum Cake Board des unteren Bodens durchstecken. Den Stab oben etwas überstehen lassen und dann den kleinen Boden samt Cake Board darauf befestigen.

9 Alternativ zum Royal Icing kann man die Spalte zwischen den drei Tortenetagen auch mit etwas Buttercreme, einem schmalen Fondantstreifen oder mit einem hübschen Stoffband verdecken.

Erste Hilfe für die Torte

Dass mal etwas danebengeht, ist auch in der Tortenbäckerei ganz normal. Und es trifft Einsteiger wie Profis gleichermaßen ... Man muss sich nur zu helfen wissen!

1 Was mache ich bei Elefantenhaut auf meinem Fondant?

Elefantenhaut ist ein Problem, das leicht bei Fondant entstehen kann. Ist er zu trocken, bilden sich auf dem ausgerollten Stück unschöne Risse, und der Fondant sieht aus wie schrumpelige Elefantenhaut. Um das zu vermeiden, sollte Fondant beim Bearbeiten nie zu trocken sein. Deshalb nie zu viel Stärke oder Puderzucker verwenden und zügig arbeiten. Erscheint der Fondant beim Kneten zu trocken, etwas ungehärtetes Pflanzenfett, z. B. Kokosfett, unterkneten. Wenn sich doch ein Riss oder eine Schramme einschleicht, hilft dieser Trick: Ein kleines Stück Fondant tropfenweise mit Wasser verrühren, bis er eine zahnpastaartige Konsistenz hat. Die Paste dann mit einem kleinen Malmesser auf die Problemstelle auftragen und glatt streichen. Trocknen lassen und weg ist die Schramme. Wichtig: Da sich die Farbe des Fondants beim Trocknen der Torte verändert, Risse oder Schrammen immer gleich reparieren.

2 Warum gelingt meine Buttercreme nicht?

Auch bei einfachen Rezepten wie Buttercreme kommt es auf kleine Details an. Hier meine Tipps für die perfekte Buttercreme: Um unschöne Luftblasen in der Creme zu vermeiden, muss die Butter vor dem Schlagen weich sein. Am besten 2 Std. vorher aus dem Kühlschrank nehmen und auf Zimmertemperatur erwärmen. Je länger die Buttercreme gerührt wird, desto mehr Luft wird eingearbeitet, und das kann später beim Spritzen Probleme bereiten. Also nur so lange rühren wie nötig. Damit die Creme schön cremig wird, nicht zu viel Zucker verwenden. Ist die Creme zu trocken und hart, ein paar Tropfen heißes Wasser unterrühren. Die Creme hat kleine Klümpchen? Dann ist sie zu kalt. Lösung: Die Schüssel mit einem Fön erwärmen und die Creme dabei weiterrühren. Die Creme ist zu flüssig? Dann ist sie zu warm. Lösung: Ein nasses Küchentuch 1 Std. ins Tiefkühlfach legen. Dann um die Schüssel wickeln und die Buttercreme rühren, bis sie fest wird.

3 Wie gelingt das perfekte Royal Icing?

Um Luftblasen im Icing zu vermeiden, darf es nicht zu lange, nicht zu stark und nicht auf zu hoher Stufe geschlagen werden. Klümpchen und verstopfte Tüllen lassen sich umgehen, indem man den Puderzucker gut durchsiebt, bevor er eingearbeitet wird. Die perfekte Konsistenz zum Verzieren erreicht man, wenn man den Puderzucker immer portionsweise zufügt. Ist das Icing zu dick geraten, etwas Zitronensaft zufügen, ist es zu flüssig, braucht es mehr Puderzucker. Mehr Glanz bekommt das Icing, wenn man noch 1 TL Maissirup (amerikanischer Lebensmittelladen oder Internet) unterrührt. Dekorierte Kekse lässt ein Hauch farbloses Glanzspray besonders glänzen. Aber Vorsicht, für Fondant ist das Spray ungeeignet. Wird mit Icing in mehreren Farben gearbeitet, sollen die Farben ja nicht ineinanderlaufen. Dies lässt sich verhindern, wenn man zuerst die dunkle Farbe aufspritzt und 24 Std. trocknen lässt. Erst danach die helle Farbe auftragen.

④ Unter der Fondantdecke ist eine Luftblase, was kann ich tun?

Achten Sie beim Zusammensetzen der Tortenböden darauf, dass die Füllung und die Tortenböden fest miteinander verbunden sind. So lassen sich unschöne Blasen am besten vermeiden. Dazu die Füllung gleichmäßig auftragen und glatt streichen. Den zweiten Boden daraufsetzen und andrücken. Bildet sich trotz aller Sorgfalt eine Blase, kann man sich so behelfen: Zuerst mit einem Zahnstocher ein Loch in die Mitte der Tortenoberfläche stechen. Dann mit dem Fondantglätter um die Torte streichen, bis die Luft durch das Loch entwichen ist. Bei mehrstöckigen Torten wird das Loch automatisch abgedeckt, bei anderen lässt es sich leicht mit Dekoelementen kaschieren.

⑤ Warum reißt mein Fondant?

Vielleicht wurde die Zuckermasse nicht gleichmäßig ausgerollt? Das ist einer der Gründe für Risse in Fondantdecken. Bilden sich nämlich eine oder mehrere dünnere Stellen im Fondant, kann er dort leicht reißen. Eine weitere Möglichkeit ist, dass die Fondantdecke insgesamt zu dünn ausgerollt wurde. Dadurch trocknet die Zuckerpaste schnell und ist zudem schwerer zu handhaben. Ideal ist deshalb eine 4–5 mm dicke Fondantdecke.

⑥ Ein Blütenblatt aus Blütenpaste ist gebrochen, was kann ich tun?

Wenn möglich kann man gebrochene Teile wie Blütenblätter einfach abtrennen und die Blüte weiterverwenden. Wenn die Blüte Teil einer großen Blumenkomposition ist, lässt sich die kaputte Stelle vielleicht auch durch geschicktes Arrangieren verstecken. Oder man repariert die Blüte. Dafür Kleber aus 1 TL CMC und 4 TL Wasser anmischen und in der Mikrowelle bei 600 Watt ca. 20 Sek. erwärmen. Den Kleber mit einem feinen Pinsel auftragen, die gebrochenen Teile verbinden und das Blütenblatt für 1 Min. zusammenhalten. Danach ca. 1 Std. trocknen lassen.

⑦ Warum ist meine Fondantdecke schlaff und bildet eine Nase am unteren Rand?

Es gibt mehrere Gründe, warum Fondant erschlaffen und dann unschöne Ränder formen kann: Wurde Fondant eingefärbt, ist er dabei vielleicht durch die wässerige Farbe oder das zusätzliche Kneten aufgeweicht. Deshalb am besten Gel- oder Pulverfarben verwenden und Fondant mindestens 1 Tag vor der Verwendung färben. Der Krümelmantel (Crumb Coat) ist zu warm. Beim Eindecken mit Fondant arbeitet es sich am besten mit gut gekühlten Torten. Deshalb die Torte nach dem Auftragen der Buttercremeschicht mindestens 1 Std. kalt stellen. Und nicht alle Cremes eignen sich zum Einstreichen der Torte. Je mehr Feuchtigkeit eine Creme enthält, desto mehr kann der Fondant aufweichen und an Elastizität verlieren. Buttercreme ist hier immer eine sichere Wahl. Beim Eindecken der Torte ist es empfehlenswert, den Fondant an der Seite herunterhängen zu lassen. Er sollte aber nicht auf der Arbeitsfläche aufliegen, denn so lässt er sich nicht perfekt am Rand glätten und abtrennen.

Organisation ist alles

Eine Motivtorte ist ein kleines Kunstwerk. Damit in der Küche kein Stress aufkommt und der Spaß nicht auf der Strecke bleibt, hier meine besten Tipps und Tricks rund um die Organisation. Übrigens: Bevor ich starte, fertige ich gerne eine Skizze der Torte an.

1 Wie sieht der Zeitplan für eine einfache Torte aus?

Ich arbeite mit einem Drei-Tage-Plan. Tag 1: Böden, Füllungen und Cremes zubereiten. Die Böden abgekühlt in Frischhaltefolie wickeln und im Kühlschrank lagern, damit sie nicht austrocknen. Tag 2: Die Böden zuschneiden, die Torte füllen und mit Fondant überziehen. Tag 3: Die Torte dekorieren. Tag 4: Premiere! Doch Torte ist nicht gleich Torte, deshalb vor dem Start Folgendes einkalkulieren: Möchte ich den Fondant selbst herstellen? Dann einen Tag dazurechnen. Möchte ich den Fondant einfärben? An Tag 1 erledigen und luftdicht verpacken. Müssen Elemente (Cake Drum, Figuren) trocknen? Vor Beginn fertig stellen. Kann ich die Dekoration an einem Tag anbringen oder brauche ich einen Trockentag dazwischen? Eventuell noch einen zusätzlichen Tag einplanen. Für eine mehrstöckige Torte ebenfalls einen Tag mehr einkalkulieren.

2 Was ist bei Hochzeitstorten zu beachten?

Da muss man vieles bedenken: Wie viele Gäste kommen? Für eine Mini-Feier (10–15 Gäste) zwei Etagen (20 cm und 15 cm ∅) planen. Für die mittlere Party (30–40 Gäste) drei Etagen (30 cm, 26 cm und 20 cm ∅) kalkulieren. Und für Cinderella (100 Gäste) fünf Etagen (z. B. zwei 35 cm, zwei 28 cm, eine 24 cm ∅) planen. Wie soll die Torte schmecken und aussehen? Welches Dekomaterial brauche ich? Auch die beste Beschreibung kann ein Bild nicht ersetzen. Denn Blütenformen gibt es viele und rosa ist nicht gleich rosa. Und wer will schon für eine weinende Braut verantwortlich sein … Wann soll die Torte auf der Feier serviert werden und besteht vor Ort eine Kühlmöglichkeit? Wie soll die Torte serviert werden? Neben aufeinandergesetzten Tortenböden sind Etageren bei Brautpaaren sehr beliebt. Die kann man sich bei einem örtlichen Partyservice oder vielleicht sogar im Hochzeitsrestaurant ausleihen.

3 Alles im Haus und nichts vergessen?

Um das zu überprüfen hilft mir meine Fünf-Punkte-Checkliste: Müssen Elemente bestellt werden (z. B. Hochzeitsfigur)? Gerade bei der Tortendekoration kommt viel Zubehör aus den USA und hat entsprechend lange Lieferzeiten. Muss Material geborgt werden (Etagere, Airbrush-Gerät)? Auch hier hilft gute Planung um stressfrei backen und gestalten zu können. Ist die Einkaufsliste (Teig, Füllung, Überzug, Dekoration) erstellt? Lieber zweimal prüfen! Klassiker, die man vergisst sind Backpapier und Küchenrolle. Liegt ein Wochenende im Backplan, kaufe ich gern die doppelte Menge ein. Ist die Küche bereit für mein Abenteuer? Neben sauberen Arbeitsflächen sollte für die Zeit, in der man mit Konzentration Tortenböden stapelt möglichst nicht noch ein Braten im Ofen brutzeln. Ist mein Werkzeug (Backformen, Spritzbeutel, Cake Boards) startklar? Sauber und griffbereit so mag ich's am liebsten, um nicht in vollem Schwung die Küche nach der 10er-Sterntülle durchforsten zu müssen.

4 Welche Backform verwende ich am besten für meine Torte?

Böden für Motivtorten gehen stark auf, damit man sie anschließend zwei- oder dreimal durchschneiden und befüllen kann. Die Backform muss also entsprechend hoch sein, für die meisten Torten sind 7–10 cm ausreichend. Wichtig ist auch, dass der Boden möglichst gerade aus der Form kommt. Einige Tortenbäcker tendieren deshalb zu Backformen mit festem Boden. Ich bevorzuge Springformen, achte aber bei der Auswahl darauf, dass der Spalt zwischen Formboden und Rand so unauffällig wie möglich ist. Ich benutze immer Backpapier für den Boden und fette den Rand gut ein. Wenn die Form schon etwas älter ist, empfiehlt es sich, auch den Rand mit Backpapier auszukleiden.

5 Eignet sich jeder Teig und jede Füllung für meine Torte?

Um Füllung, Fondant und Dekoration gut halten zu können, sollten die Böden möglichst stabil sein. Ein luftiger Biskuitboden ist deshalb nur für leichte Buttercremetorten und weniger für Fondantwunder geeignet. Bei der Füllung sollten Sie darauf achten, dass sie den Boden möglichst wenig aufweicht, also einen niedrigen Feuchtigkeitsgehalt hat. Torten, die mit Frischkäsecremes oder Fruchtmousse gefüllt sind, müssen vor dem Einschlagen mit Fondant unbedingt mit Buttercreme eingestrichen werden. So schafft man eine Barriere zwischen der feuchten Creme und dem Fondant – und schützt ihn so vor dem Aufweichen.

6 Ist Buttercreme gleich Buttercreme?

In der Tortenwerkstatt werden besonders häufig deutsche Buttercreme, eine Kombination aus Pudding und Butter (deshalb auch Pudding-Buttercreme genannt), und amerikanische Buttercreme, eine Mischung aus Puderzucker und Butter, verwendet. Zum Füllen der Torte eignen sich beide, wobei die deutsche geschmacklich interessanter ist. Zum Einstreichen der Torte verwende ich immer die US-Version. Wer seine Creme einfärben möchte, greift am besten auf Gel-oder Pastenfarben zurück, denn flüssige Lebensmittelfarbe kann die Konsistenz der Creme verändern.

7 Wie backe ich den perfekten Tortenboden?

Gleich vorweg – den gibt es äußerst selten! Denn dass Kuchen in der Mitte einen Hügel formen oder aufbrechen hat den einfachen Grund, dass die Backform am Rand warm wird und der Kuchen dort schneller bäckt als in der Mitte. So sind die Seiten schneller gar und weniger flexibel, während die Mitte noch flüssig ist. Helfen kann es, die Backform zu isolieren. Dazu nimmt man einen langen Streifen Aluminiumfolie, schlägt feuchtes Küchenpapier darin ein und umkleidet die Backform außen damit. Die Backtemperatur um 20° reduzieren und die 1,5-fache Backzeit einplanen. Den Kuchen unbedingt testen, bevor man ihn aus dem Ofen nimmt. Mein Tipp: Oft ist der Kuchenboden gerader als die Oberfläche. Ich begradige den Kuchen, schneide ihn waagerecht durch und lege ihn dann »kopfüber« auf das Cake Board. So ist die Oberfläche schön gerade und perfekt für Buttercreme und Fondantüberzug.

Tipps und Tricks vom Profi

Kühlschrank, Hutschachtel oder Vorratskammer – wohin mit dem Tortentraum? Wie kommt das süße Wunder zur Party? Und wohin mit den Resten? Hier sind meine besten Tipps und Ideen.

1 Wie transportiere ich mein Meisterwerk?

Die meisten Torten müssen irgendwann transportiert werden. Für die Reise sollte die Torte gut gekühlt sein. Cremes und Überzüge haben so mehr Standkraft, und die Torte hält besser zusammen. Fertig eingedeckte Böden transportiert man am besten einzeln und setzt sie dann vor Ort zusammen. Ich sichere meine Böden mit Royal Icing auf den Cake Boards und stelle sie dann in einen mit einem Badetuch ausgelegten Karton. An heißen Tagen ist der Transport eine besondere Herausforderung. Da ist eine Klimaanlage im Auto Gold wert. Eine einfache Alternative dazu ist eine große Styroporkiste mit Kühlakkus. Achtung: Für sicheren Tortenstand sorgen. Wer öfters Torten im Hochsommer spazieren fährt, sollte über einen Transportkühlschrank nachdenken.

2 Wie groß rolle ich die Fondantdecke aus?

Das errechnet man mit folgender Formel: Durchmesser der Torte plus zwei mal die Höhe plus 8 cm Sicherheitszugabe. Bei einer runden Torte von 20 cm ∅ und 10 cm Höhe ergibt das einen Kreis von 48 cm ∅. Und Achtung: Sehr dünn ausgerollter Fondant reißt schnell. Mein Maß sind 4–5 mm bei normalen Torten. Eine zweite nützliche Formel ist die zur Berechnung des Kreisumfangs, wenn eine runde Torte zum Beispiel rundum anders als oben eingedeckt werden soll. Die Länge des Fondantstücks berechnet sich aus der Kreiszahl Pi (3,14159) mal dem Durchmesser der Torte. Bei einer Torte von 20 cm ∅ ergibt sich so ein Fondantstück von 62,8318 cm Länge. Die benötigte Fondantmenge steht in der Tabelle auf S. 162.

3 Wo lagere ich meine Torte?

Zur Lagerung der Torte empfiehlt sich ein kühler Ort, ideal ist ein trockener Keller. Wer keinen hat, kann die Torte auch im Kühlschrank lagern. Dazu meine Tipps: Den Kühlschrank auf die wärmste Temperatur stellen, genug Platz schaffen, damit rechts und links nichts anstößt und offene Lebensmittel entfernen, um Geruchsübertragung zu vermeiden. Die Torte sollte auf jeden Fall vor Feuchtigkeit geschützt werden, da diese den Fondant aufweichen und zu Farbveränderungen führen kann. Deshalb ohne Tortenhaube in den Kühlschrank stellen, damit Kondenswasser entweichen kann. Vor dem Servieren rechtzeitig aus dem Kühlschrank nehmen, damit die Torte sich gut schneiden lässt und beim Essen eine angenehme Temperatur hat. Nicht erschrecken: Wenn die Torte aus dem Kühlschrank genommen wird, kann sich Kondenswasser auf dem Tortenüberzug niederschlagen. Dieses verfliegt aber schnell von allein. Wer nachhelfen möchte, kann die Torte in leichten Durchzug stellen.

4 Wie baue ich die Torte am besten vor Ort auf?

Am wohlsten fühlt man sich in der eigenen Küche. Dort ist alles griffbereit und keine neugierigen Augenpaare auf die Hände gerichtet. Deshalb bereite ich gern so viel wie möglich vor, bevor es an den Transport geht. Bei großen komplizierten Torten beschrifte ich die Packungen. Wenn dann alles sicher verpackt ist, sollte man immer nochmal einen Blick auf das Tortenwerkzeug werfen, damit auch wirklich alles dabei ist. Und im Zweifel lieber ein Messer zu viel als eins zu wenig einpacken. Vor Ort suche ich mir als Erstes ein gutes Plätzchen für den Zusammenbau. Dabei auf Durchgangsverkehr, Licht und Temperatur achten – und los geht's.

5 Wie lange hält sich meine Torte?

Das kommt auf die Tortenfüllung an. Torten, die mit Sahnecremes, Früchten oder Fruchtmousse gefüllt sind, sollten im Kühlschrank maximal 2–3 Tage aufbewahrt werden. Torten ohne Füllung mit Buttercreme oder Fondant halten sich gekühlt durchaus 4–5 Tage. »Nackte« Tortenböden kann man in Frischhaltefolie eingewickelt bis zu 1 Woche im Kühlschrank lagern oder etwa 1 Monat im Tiefkühlgerät.

6 Wie lagere ich denn Fondant?

Fondant sollte immer luftdicht, lichtgeschützt und gekühlt gelagert werden. Luftdicht ist dabei besonders wichtig, denn Fondant trocknet sehr schnell aus. Deshalb auch während des Formens von Figuren, Fondantstücke nie offen herumliegen lassen. Ich halte immer ein Stück Frischhaltefolie zum Einwickeln bereit. Fondantreste forme ich zu einer flachen Kugel und lege sie in einen verschließbaren Gefrierbeutel. Im Keller oder Kühlschrank hält er sich so einige Wochen. Den Fondant vor der nächsten Verwendung wieder auf Zimmertemperatur erwärmen lassen und loslegen.

7 Wie schneidet man eine Motivtorte an?

Auch wenn die Vorstellung wehtut – irgendwann geht es der Torte an den Kragen. Dazu benutze ich ein langes, spitzes Messer. Dieses tauche ich vor jedem Schnitt in heißes Wasser und wische es an einem sauberen Küchentuch ab. Ich steche zunächst mit der Messerspitze in die Tortenmitte und schneide dann gerade nach unten zum Cake Board. Gehärtete Fondantelemente wie Blüten sollten vor dem Anschnitt heruntergenommen werden. Torten ab 20 cm Ø schneide ich in 12–14 Stücke, kleinere in 8 Stücke. Bei mehrstöckigen Torten schneidet man die Etagen einzeln. Zunächst werden die Etagen abgebaut und Holzstäbchen entfernt. Zum Schnitt gibt es eine traditionelle und eine moderne Version: Bei der traditionellen werden von der Mitte zum Rand dreieckige Stücke geschnitten, bei der modernen Variante wird die Torte mit drei langen Schnitten geteilt und in kleine Portionen geschnitten.

Klassisch hell und dunkel

Diese Böden können Sie nach Lust und Laune mit einer der Füllungen und Glasuren auf den Seiten 30–35 kombinieren. Da gibt es kein richtig oder falsch, vertrauen Sie einfach Ihrem Gefühl.

Vanilleboden

Für 1 Boden (20 cm ∅, 12 Stücke) | Pro Stück ca. 275 kcal, 4 g EW, 16 g F, 29 g KH
20 Min. Zubereitung, 50 Min. Backen, 2 Std. Kühlen

200 g weiche Butter
1 Prise Salz
200 g Zucker
1 TL Vanilleextrakt

4 Eier (M)
200 g Mehl
½ Pck. Backpulver

AUSSERDEM:
Springform (20 cm ∅)
Butter für die Form

1 Den Backofen auf 180° vorheizen. Den Boden der Form mit Backpapier auslegen und den Rand einfetten.

2 Butter, Salz, Zucker und Vanilleextrakt in einer Rührschüssel mit den Quirlen des Handrührgeräts cremig rühren. Dann die Eier einzeln einrühren. Dann Mehl und Backpulver in ein Sieb geben, über die Eiermasse sieben und weiterrühren, bis ein glatter Teig entsteht.

3 Den Teig in die Form füllen, glatt streichen und im Ofen (Mitte) 45–50 Min. backen. Herausnehmen, den Boden leicht abgekühlt aus der Form lösen und auf einem Kuchengitter in ca. 2 Std. ganz auskühlen lassen.

Tipp
Dieser Tortenboden bietet ein wahres Wunderwerk an Möglichkeiten. Ob sommerlich frisch mit Limettenschale und frischem Ingwer oder winterlich warm mit Zimt und Orangenlikör, dieser Boden ist ein unschlagbares Wandelwunder.

Schokoladenboden

Für 1 Boden (20 cm ⌀, 12 Stücke) | Pro Stück ca. 300 kcal, 5 g EW, 22 g F, 22 g KH
20 Min. Zubereitung, 55 Min. Backen, 2 Std. Kühlen

125 g Zartbitterschokolade
  (mind. 70 % Kakaogehalt)
125 g Butter
4 Eier (M)

125 g Zucker
125 g Mehl
½ Pck. Backpulver
200 g Crème fraîche

AUSSERDEM:
Springform (20 cm ⌀)
Butter für die Form

1 Den Backofen auf 180° vorheizen. Den Boden der Form mit Backpapier auslegen und den Rand einfetten.

2 Die Schokolade grob hacken. Mit der Butter in eine Schüssel geben und über dem heißen Wasserbad schmelzen. Die Schokobutter danach kurz abkühlen lassen.

3 Eier und Zucker in einer Rührschüssel mit den Quirlen des Handrührgeräts in ca. 5 Min. hellschaumig aufschlagen. Mehl und Backpulver in ein Sieb geben, über den Eierschaum sieben und mit wenigen Umdrehungen des Rührgeräts untermischen.

4 Die Schokobutter in zwei Portionen unter den Teig ziehen. Danach die Crème fraîche vorsichtig mit dem Teigschaber unterheben. Den Teig in die Form füllen, glatt streichen und im Ofen (Mitte) 50–55 Min. backen. Herausnehmen, den Boden leicht abgekühlt aus der Form lösen und auf einem Kuchengitter in ca. 2 Std. ganz auskühlen lassen.

Tipp

Um zu testen ob der Boden fertig gebacken ist, hilft mir die Stäbchenprobe: Dafür steche ich ein dünnes Holzstäbchen in die Mitte des Kuchens und ziehe es wieder heraus. Wenn das Stäbchen sauber herauskommt, ist der Boden fertig gebacken und kann aus dem Ofen. Wenn nicht, den Kuchen noch einige Minuten weiterbacken und die Stäbchenprobe wiederholen. Diese Stäbchenprobe klappt bei allen Rührteigböden.

Fein mit Nuss und Biskuit

Es soll etwas Besonderes sein? Dieser Nussboden überzeugt mit einer frischen Orangennote. Und der knusprig-leichte Löffelbiskuitboden ist perfekt für alle, die es nicht so schwer mögen.

Nuss-Orangen-Boden

Für 1 Boden (20 cm ⌀, 12 Stücke) | Pro Stück ca. 245 kcal, 4 g EW, 14 g F, 24 g KH
20 Min. Zubereitung, 55 Min. Backen, 2 Std. Kühlen

1 Bio-Orange
75 g weiche Butter
1 Prise Salz
175 g Zucker

3 Eier (M)
125 g Mehl
½ Pck. Backpulver
150 g gemahlene Haselnüsse

AUSSERDEM:
Springform (20 cm ⌀)
Butter für die Form

1 Den Backofen auf 180° vorheizen. Den Boden der Form mit Backpapier auslegen und den Rand einfetten.

2 Die Orange heiß abwaschen und abtrocknen. Die Schale abreiben und ca. 80 ml Saft auspressen. Butter, Salz und Zucker in einer Rührschüssel mit den Quirlen des Handrührgeräts cremig rühren. Orangenschale und Orangensaft zugeben, dann die Eier einzeln unterrühren. Mehl, Backpulver und Haselnüsse mit einem Teigschaber behutsam unterheben.

3 Den Teig in die Form füllen, glatt streichen und im Ofen (Mitte) 50–55 Min. backen. Herausnehmen, den Boden leicht abgekühlt aus der Form lösen und auf einem Kuchengitter in ca. 2 Std. ganz auskühlen lassen.

Löffelbiskuitboden

Für 3 Böden (20 cm ⌀, 8 Stücke) | Pro Stück ca. 115 kcal, 3 g EW, 2 g F, 21 g KH
30 Min. Zubereitung, 15 Min. Backen

3 Eier (M)
75 g Zucker
1 Pck. Vanillezucker
55 g Mehl

15 g Speisestärke
1 ½ TL Backpulver
2 EL Puderzucker

AUSSERDEM:
Spritzbeutel mit Lochtülle
   (13 mm ⌀)

1 Den Backofen auf 180° vorheizen und zwei Back-blecke mit Backpapier belegen.

2 Die Eier trennen und die Eiweiße mit den Quirlen des Handrührgeräts steif schlagen. Dabei den Zucker und den Vanillezucker langsam einrieseln lassen. Die Eigelbe dazugeben und mit wenigen Umdrehungen des Rührgeräts unterrühren. Mehl, Speisestärke und Back-pulver in ein Sieb geben, über die Eiermasse sieben und mit einem Teigschaber vorsichtig unterheben.

3 Den Teig in den Spritzbeutel füllen und spiralförmig drei Kreise (20 cm ⌀) auf die Backbleche spritzen. Mit etwas Puderzucker bestäuben und im Ofen (Mitte) ca. 15 Min. backen, bis die Böden leicht gebräunt sind. Herausnehmen und auf dem Blech abkühlen lassen.

Tipp
Am Ende der Backzeit fühlen sich die Biskuitböden noch etwas weich an. Aber keine Angst, mit zunehmendem Abkühlen werden sie dann fest. Dieser locker-leichte Tortenboden eignet sich für eigene Formkreationen und leichte Füllungen, schwere Fondantdecken dagegen sind eher ungeeignet. Und mit einem kleinen Trick gelingen besonders ebenmäßige Böden: Zeichnen Sie einfach mit Bleistift drei Kreise auf der Rückseite des Backpapiers vor. Als Schablone hilft dabei ein Kuchenteller, eine Schüssel oder eine Springform mit 20 cm ⌀.

Cremig gefüllt

Damit die schönen Torten auch lecker schmecken, werden die Böden mit fruchtiger Mousse oder Frischkäsecreme gefüllt. Neben der Extraportion Geschmack verleiht die Füllung der Torte zusätzliche Standkraft – auch für schwere Fondantelemente.

Beerige Moussefüllung

Für 800 g bzw. 1 Torte (20 cm ⌀) | Pro 100 g ca. 180 kcal, 3 g EW, 11 g F, 18 g KH
20 Min. Zubereitung, 1 Std. 15 Min. Kühlen

8 Blatt weiße Gelatine
300 g gemischte Beeren (ersatzweise tiefgekühlte Beeren)

100 g Zucker
150 g Joghurt (3,5 % Fett)
3 EL Cassislikör (nach Belieben)

250 g kalte Sahne

1 Die Quirle des Handrührgeräts ca. 15 Min. ins Tiefkühlfach legen. Inwischen die Gelatine in einer Schüssel mit kaltem Wasser einweichen.

2 Die Beeren behutsam waschen, trocken tupfen und putzen (tiefgekühlte Beeren nach Packungsangabe auftauen lassen). Die Beeren dann pürieren und das Püree durch ein feines Sieb streichen.

3 Das Beerenpüree mit dem Zucker in einen Topf geben und unter Rühren erhitzen, bis sich der Zucker aufgelöst hat. Den Topf vom Herd nehmen, die Gelatine gut ausdrücken und unterrühren. Das Püree in eine Schüssel füllen und ca. 15 Min. abkühlen lassen.

4 Den Joghurt nach Belieben mit dem Likör verrühren. Die Sahne mit den gekühlten Quirlen steif schlagen. Joghurt und Schlagsahne mit einem Teigschaber vorsichtig unter das Beerenpüree heben. Die Mousse vor der Verwendung bei Bedarf noch ca. 1 Std. kalt stellen, bis sie fest zu werden beginnt. Die Torte damit füllen und mit der restlichen Mousse rundum einstreichen.

Tipp
Die Mousse ist reichlich bemessen. Zum Füllen schneide ich den Boden zweimal waagerecht durch, sodass zwei Mousseschichten entstehen.

Frischkäsecreme

Für 300 g bzw. 1 Torte (20 cm ⌀) | Pro 100 g ca. 370 kcal, 4 g EW, 29 g F, 22 g KH
25 Min. Zubereitung, 30 Min. Kühlen

2 Passionsfrüchte
75 g Doppelrahmfrischkäse

75 g Mascarpone
50 g Puderzucker

100 g kalte Sahne

1 Die Passionsfrüchte halbieren, das Fruchtfleisch mit einem kleinen Löffel herauslösen und durch ein Sieb streichen. Dabei 20 ml Saft auffangen.

2 Frischkäse und Mascarpone in einer Schüssel mit dem Teigschaber cremig rühren. Den Passionsfruchtsaft und den Puderzucker zugeben und weiterrühren, bis eine glatte Creme entsteht.

3 In einer zweiten Schüssel die Sahne mit den Quirlen des Handrührgeräts steif schlagen. Die Schlagsahne dann mit dem Schneebesen vorsichtig unterheben und die Frischkäsecreme vor der Verwendung ca. 30 Min. kühlen. Die Torte damit füllen und mit der restlichen Creme rundum einstreichen.

Tipp

Keine Passionsfrüchte im Haus? Kein Problem. Die Creme funktioniert auch mit anderen Säften oder Fruchtpürees. Mein momentaner Liebling: Rhabarber-Frischkäsecreme. Dafür 1 Stange Rhabarber waschen, putzen und in Stücke schneiden. Die Stücke mit 2 EL Zucker in einem Topf weich kochen, abkühlen lassen und anstelle des Safts verwenden.

Süß und üppig

Bester Freund für Tortenboden gesucht? Na, da hätte ich doch
was: schokoladige Ganache oder sahnigen Karamelltraum. Wer da
noch allein bleibt, ist selbst schuld.

Ganache

Für 400 g bzw. 1 Torte (20 cm ⌀) | Pro 100 g ca. 415 kcal, 5 g EW, 36 g F, 18 g KH
10 Min. Zubereitung, 30 Min. Kühlen

200 g Zartbitterschokolade   200 g Sahne
  (mind. 70 % Kakaogehalt)

1 Die Schokolade in kleine Stücke hacken und in eine
Schüssel geben. Die Sahne in einem kleinen Topf erhitzen und über die Schokostückchen gießen.

2 Alles ca. 3 Min. schmelzen lassen, dann mit dem
Schneebesen gründlich durchrühren, bis eine glatte Masse entsteht. Die Ganache vor der Verwendung
ca. 30 Min. bei Zimmertemperatur abkühlen lassen.

3 Die Ganache nach dem Abkühlen ca. 2 Min. mit
dem Handrührgerät aufschlagen. Die Torte damit füllen
und mit der restlichen Ganache rundum einstreichen.

Tipp

Echten Genuss verspricht auch eine helle Ganache.
Dafür 200 g gehackte weiße Schokolade mit 100 g heißer
Sahne übergießen und ca. 3 Min. schmelzen lassen. Die
abgeriebene Schale von 1 Bio-Limette zugeben und alles
mit dem Schneebesen zu einer glatten Masse verrühren.
Die helle Ganache wie beschrieben 30–45 Min. abkühlen lassen. Je nach verwendeter Schokolade kann die Ab-
kühlzeit der Schokolade variieren.

Karamellcreme

Für 700 g bzw. 1 Torte (20 cm ⌀) | Pro 100 g ca. 420 kcal, 3 g EW, 37 g F, 18 g KH
20 Min. Zubereitung, 30 Min. Kühlen

100 g Zucker
200 g Sahne

400 g Mascarpone
30 ml Sahnelikör (z. B. Baileys)

1 In einer Pfanne 75 g Zucker mit 2 TL Wasser mischen und bei mittlerer Hitze karamellisieren lassen. Dann 50 g Sahne dazugießen und mit dem Schneebesen durchrühren. Den Karamell dann ca. 30 Min. bei Zimmertemperatur abkühlen lassen.

2 Mascarpone, Likör und restlichen Zucker in einer Schüssel mit dem Teigschaber cremig rühren. Den Karamell dazugießen und unterrühren.

3 Die restliche Sahne mit den Quirlen des Handrührgeräts steif schlagen und mit dem Schneebesen unter die Creme heben. Die Torte damit füllen und mit der restlichen Creme rundum einstreichen.

Tipp
Diese Creme eignet sich wunderbar zum Füllen von Tortenböden und zum Einstreichen von Torten. Besonders gut passt sie zu Schokoladen- oder Nussböden. Auch sie ist so reichlich berechnet, dass man den Boden ruhig zweimal waagerecht durchschneiden kann. So entstehen zwei feine Karamellschichten. Bei Fondantdecken dagegen greife ich lieber auf die klassische Buttercreme zurück, da Mascarpone und Likör die Zuckerpaste aufweichen können.

Schön glasiert und dekoriert

Schwarz oder weiß? Schokolade satt gibt's mit dem verführerisch-weichen Schokoladenguss. Und Puristen kommen bei der klassischen Buttercreme ins Schwärmen!

Schokoladenguss

Für 500 g bzw. 1 Torte (20 cm ∅) | Pro 100 g ca. 510 kcal, 3 g EW, 37 g F, 41 g KH
10 Min. Zubereitung, 30 Min. Kühlen

150 g Zartbitterschokolade
  (mind. 70 % Kakaogehalt)

150 g Butter
50 ml Milch

150 g Puderzucker

1 Die Schokolade in kleine Stücke hacken. Die Stückchen mit Butter und Milch in eine Schüssel geben und über dem heißen Wasserbad schmelzen. Danach vom Wasserbad nehmen, den Puderzucker darübersieben und alles sorgfältig verrühren.

2 Den Schokoladenguss vor der Verwendung ca. 30 Min. bei Zimmertemperatur abkühlen lassen.

Tipp

Und so klappt das Glasieren Ihrer Torte perfekt und ohne Kleckern: Ein Kuchengitter (Auskühlgitter) in ein tiefes Backblech legen und die Torte daraufsetzen. Die abgekühlte Schokoladenglasur vollständig auf die Mitte der Torte gießen und mit einer langen Palette in wenigen Zügen glatt verstreichen.

Schnelle Buttercreme

Für 750 g bzw. 1 Torte (20 cm ⌀) | Pro 100 g ca. 520 kcal, 0 g EW, 28 g F, 67 g KH
10 Min. Zubereitung

250 g weiche Butter

1 TL Vanilleextrakt

500 g Puderzucker

1 Die Butter mit dem Vanilleextrakt in eine Rührschüssel geben. Mit den Quirlen des Handrührgeräts ca. 5 Min. cremig rühren.

2 Zuerst 400 g Puderzucker nach und nach darübersieben und unterrühren, bis eine streichfeste Creme entsteht. Ist die Creme jetzt noch zu weich, den restlichen Puderzucker unterrühren.

Tipp

Meine schnell gerührte Buttercreme eignet sich besonders gut zum Füllen, Einstreichen und Dekorieren von Torten, Muffins und Cupcakes. Für Buttercreme muss der Puderzucker auf jeden Fall frei von Klümpchen und sehr fein sein. Deshalb siebe ich ihn vor dem Verwenden immer gründlich durch. Gerne bereite ich die Creme auch mit frischen Beeren zu, das macht sie leicht und fruchtig. Dafür 75 g Himbeeren verlesen, behutsam waschen und trocken tupfen. Die Beeren pürieren und mit 120 g weicher Butter und 1 TL Vanilleextrakt cremig rühren. Dann nach und nach 450 g Puderzucker darübersieben und unterrühren, bis die Buttercreme die gewünschte Konsistenz hat.

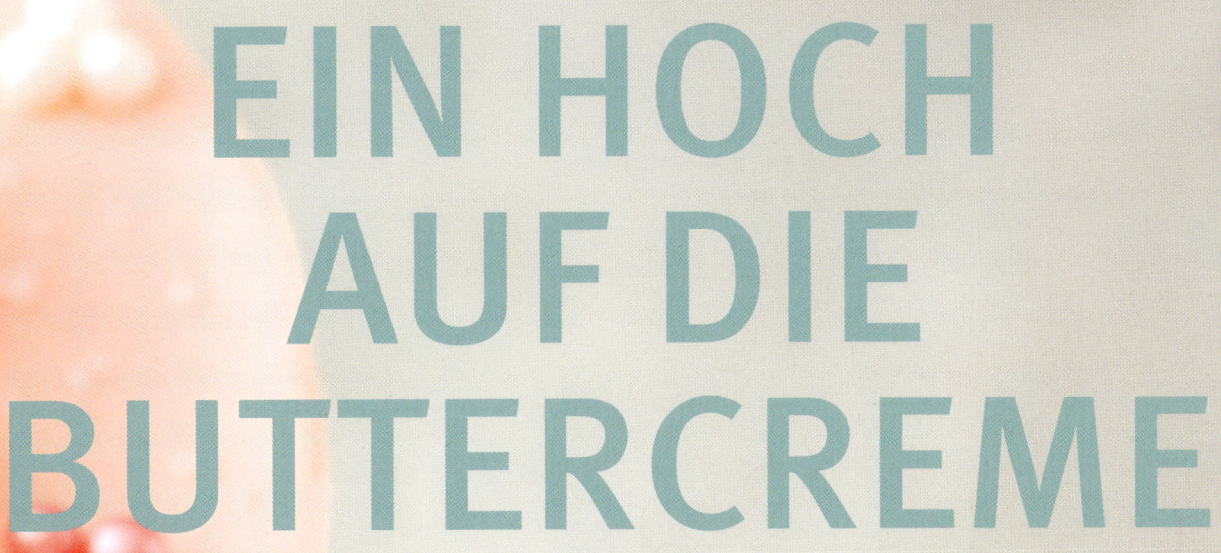

EIN HOCH AUF DIE BUTTERCREME

Gelbe Rosen, grünes Gras, Ombré-Mäntelchen oder Rüschenrand – Buttercreme ist lecker, schnell gerührt, genial wandelbar und leicht zu handhaben.

Spritzbeutel befüllen und Spritztüte falten

Schwierigkeit: ●●●
Für 1 Spritzbeutel

ZUM BEFÜLLEN:
1 Spritzbeutel
Adapter

Spritztülle
Buttercreme

ZUM FALTEN:
1 Bogen Back- oder Butterbrotpapier
Schere

2 Danach den Spritzbeutel aufrecht in ein hohes Glas stellen und die Ränder des Beutels über den Glasrand schlagen. Die Beutelränder eventuell noch zusätzlich mit einem Gummiring sichern.

1 Der Spritzbeutel kann eine Herausforderung sein. So klappt das Befüllen: Zuerst die gewünschte Tülle in den Beutel legen, sodass die Spitze herausschaut. Den Beutel dann nach innen in die Tülle drücken, sodass diese verschlossen ist. Das ist vor allem für flüssige Spritzmassen wichtig. Manche Spritzbeutel haben auch Adapter, auf die man die Tülle einfach aufschraubt.

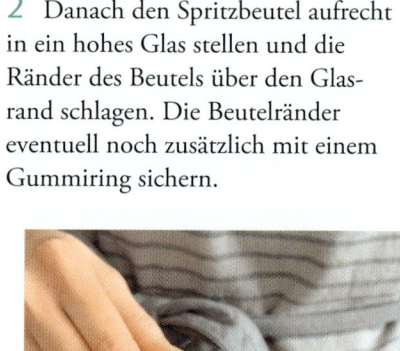

3 Nach dem Befüllen den Beutel wieder aus der Tülle ziehen und die Füllung mit einer Teigkarte in Richtung Tülle zusammenschieben. Das verhindert, dass in der Spritzmasse Luftblasen entstehen. Das Ende des Beutels zudrehen und loslegen. Um die Füllung nach unten zu drücken, den Beutel weiter zudrehen.

5 Nun die rechte obere Ecke mit den Fingern fassen und nach innen zur Spitze des Dreiecks einrollen, so als ob man eine Eistüte formen möchte. Die Spitze mit der linken Hand in dieser Position halten.

4 Spritztüten kann man ruck, zuck selber falten. Dafür aus einem Stück Backpapier (ca. 15 × 15 cm) ein gleichschenkliges Dreieck zuschneiden. Das Dreieck mit der Spitze nach unten auf die Arbeitsfläche legen.

6 Mit der anderen Hand die linke obere Ecke fassen und über die vorher geformte Rolle schlagen.

8 Vor dem Befüllen eine kleine Ecke von der Spritztüte abschneiden. Je nachdem, welche Füllung in die Tüte kommt und was man damit verzieren möchte, die Spitze kleiner oder größer abschneiden.

7 Anschließend die rechte und linke Spitze zu sich heranziehen und eine feste Spritztüte mit gut geschlossener Spitze formen. Zuletzt die beiden übereinanderliegenden Spitzen nach innen einschlagen, sodass eine gerade Seite entsteht.

9 Diese kleine Spritztüte eignet sich prima für Royal-Icing-Verzierungen, zum Bemalen von Fondant oder zum Schreiben mit Schokolade. Am besten immer gleich mehrere Tüten auf Vorrat falten und bereitlegen.

Spritztüllen und Techniken

Die kleinen silbernen Hütchen gibt es in vielen Größen und Formen, die Nummern in den Tüllen verraten die Größe. Hier sind meine absoluten Lieblinge.

Geschlossene Sterntüllen

Sterntüllen ergeben einige der bekanntesten und beliebtesten Muster, zum Beispiel Blüten, Rosetten, Sterne und Muscheln. Durch unterschiedlichen Spritzdruck beim Spritzen lassen sich die Formen zusätzlich variieren. Geschlossene Sterntüllen sind ideal, um Buttercreme gerüscht auf Cupcakes & Co. aufzuspritzen oder auch um Kekse und Tortenränder dekorativ zu verzieren. Im Unterschied zu den offenen Sterntüllen ergeben sie eine definiertere Textur.

Offene Sterntüllen

Baiserhäubchen, Cupcake-Topping oder großer klassischer Buttercreme-Swirl – das ist die ideale Tülle dafür. Beim Spritzen außen beginnen und in einer gleichmäßigen Bewegung kreisförmig nach innen arbeiten. In der Mitte den Spritzbeutel hochziehen. Voilà.

Lochtüllen

Kleine Pünktchen, dünne Zweige, Zahlen und Buchstaben – kleine Lochtüllen eignen sich zum Beschreiben und Bemalen von Keksen und Torten. Tortenränder lassen sich mit großen Lochtüllen rundum mit Buttercremerollen eindecken oder am Rand mit kleinen und großen Tuffs verzieren.

Rüschen- und Rosentüllen

Mit diesen Tüllen kann man sehr kreativ arbeiten: Ob Buttercremerüschen von oben nach unten, überlappende, hintereinander stehende oder eng geschwungene Wellen – alles kein Problem mit dieser Tülle. Rosentüllen haben eine geschwungene Öffnung, die an einer Seite schmaler und an der anderen Seite weiter ist. Wie der Name schon sagt, lassen sich damit beeindruckende Blütenträume und hübsche Rüschenränder gestalten. Für gespritzte Rosen auf Blütennägeln empfehle ich eine Tülle mittlerer Größe, beispielsweise mit 12 mm ∅.

Gras- oder Spaghettitüllen

Diese Tüllen gehören zur großen Familie der Multi-Opening-Tüllen. Sie sind vorne abgeflacht und haben mehrere kleine Löcher zum Aufspritzen der Creme. Mit ihnen lassen sich außergewöhnliche Dekorationen wie Gras – zum Beipsiel für die Golf-Torte (siehe S. 62) –, Haare, Fäden oder kleine Perlen auf Cupcakes und Torten ganz einfach gestalten. Wichtig beim Kauf: Das Material sollte stabil und die Löcher in der Tülle nicht zu klein sein. Ach ja, verwenden Sie zum Spritzen hier unbedingt gut gekühlte Creme!

Blatttüllen

Mit diesen Spezialtüllen kann man Blumenarrangements toll aufwerten. Mit den V-förmigen Tüllen lassen sich einfache, geraffte und stehende Blätter spritzen. Allerdings erfordern diese Tüllen etwas Übung. Mein Tipp: Tülle und Spritzbeutel beim Spritzen in unterschiedlichen Winkeln halten. So lässt sich schnell herausfinden, welche Technik am besten funktioniert.

Blütentüllen

Diese Tüllen eignen sich wunderbar für Einsteiger, denn ohne viel Übung kann man damit schöne Blüten spritzen. Für einfache Blüten den Spritzbeutel gerade nach oben halten und beim Spritzen leicht nach oben wegziehen. Dreht man beim Spritzen den Spritzbeutel langsam nach rechts oder links, entstehen gedrehte Blüten. Für die Blütenmitte kann mit einer zweiten Farbe ein Buttercremepunkt oder -stern gespritzt werden.

Sternbandtüllen

Mit diesen tollen Tüllen lassen sich Schleifen, Bänder, Korbgeflechte oder Bordüren aus Zuckerguss und Buttercreme auf Torten, Cupcakes oder Muffins spritzen.

Ombré-Blütenzauber

Schwierigkeit: ●●○

Für 1 Torte (24 Stücke) | Pro Stück ca. 605 kcal, 4 g EW, 32 g F, 76 g KH
1 Std. 30 Min. Zubereitung, 50 Min. Backen, 1 Std. Kühlen

FÜR DEN TEIG:
400 g weiche Butter
1 Prise Salz | 400 g Zucker
2 TL Vanilleextrakt
8 Eier (M)
400 g Mehl
1 Pck. Backpulver

FÜR DIE DEKO:
50 g hellgrüner Fondant
weiße und rosafarbene Zuckerperlen

FÜR DIE ERDBEER-BUTTERCREME:
250 g Erdbeeren
120 g weiche Butter
1 TL Vanilleextrakt
450 g Puderzucker

FÜR BLÜTEN UND OMBRÉ-RAND:
500 g weiche Butter
1 kg Puderzucker
pinke Lebensmittelfarbe

AUSSERDEM:
2 Springformen (20 cm ∅)
Butter für die Formen
Blattausstecher (4–5 cm)
Cake Board (20 cm ∅)
3 Spritzbeutel mit Rosentüllen
  (15 mm ∅)
Rosennagel

1 Den Backofen auf 180° vorheizen. Die Böden der Formen mit Backpapier auslegen und die Ränder einfetten. Für den Teig Butter, Salz, Zucker und Vanilleextrakt cremig rühren. Die Eier einzeln einrühren. Mehl und Backpulver darübersieben und alles zu einem glatten Teig verrühren. Den Teig in die Formen füllen, glatt streichen und im Ofen (Mitte) 45–50 Min. backen. Leicht abgekühlt aus den Formen lösen und auskühlen lassen.

2 Für die Deko den grünen Fondant weich kneten und dünn ausrollen. Mit dem Blattausstecher ca. zehn Blätter ausstechen und trocknen lassen.

3 Für die Erdbeer-Buttercreme die Erdbeeren waschen, trocken tupfen und putzen. 75 g Beeren pürieren, die restlichen in kleine Stücke schneiden. Erdbeerpüree, Butter und Vanilleextrakt in einer Schüssel mit den Quirlen des Handrührgeräts ca. 5 Min. cremig rühren. Den Puderzucker nach und nach darübersieben und unterrühren, bis die Creme die gewünschte Konsistenz hat.

4 Die Kuchen begradigen und waagerecht halbieren. Einen Boden auf das Cake Board setzen, mit einem Drittel der Buttercreme bestreichen und ein Drittel der Beeren darauf verteilen. Mit dem zweiten und dritten Boden wiederholen, dann den letzten Boden auflegen.

5 Für Blüten und Rand die Butter cremig rühren. Den Puderzucker nach und nach darübersieben und alles zu einer streichfesten Creme verrühren. Die Buttercreme dritteln. Je ein Drittel mit Lebensmittelfarbe zartrosa, rosa und pink einfärben und in die Spritzbeutel füllen. Für die Blüten einen Klecks Buttercreme auf den Rosennagel geben und ein Stück Backpapier (ca. 5 × 5 cm) daraufkleben. In der Mitte des Nagels einen Kegel aufspritzen, dann rundum dicht aneinander Buttercremebögen aufspritzen. Dabei den Nagel stets drehen und fortfahren, bis die Blüte die gewünschte Größe hat. Das Backpapier vom Nagel lösen und die Blüte ca. 1 Std. kühlen. So aus jeder Farbe 3–4 Rosen spritzen.

6 Für den Ombré-Rand die Torte rundum mit einer Schicht der restlichen zartrosa Buttercreme einstreichen und ca. 1 Std. kalt stellen. Danach das untere Drittel des Tortenrands mit der pinkfarbenen Buttercreme einspritzen. Das nächste Drittel mit der übrigen rosafarbenen Buttercreme und das oberste Drittel mit der zartrosa Creme einspritzen. Die Buttercreme mit einer langen Palette rundum glatt streichen, sodass die Farben weich ineinander übergehen. Die Torte mit Blüten, Blättern und Zuckerperlen dekorieren.

Dieses hübsche Backwerk mit *Buttercreme-Streifen*, frischen Erdbeeren und Blütenkleid hinterlässt bei Ihren Gästen garantiert
einen bleibenden Eindruck.

Bunte
Karotorte

Die verrückte Torte im Schottenrock. Ein toller Hingucker auf der Kaffeetafel. Und – wenn man weiß wie es geht – ganz leicht gemacht. So viel Farbe macht einfach Spaß!

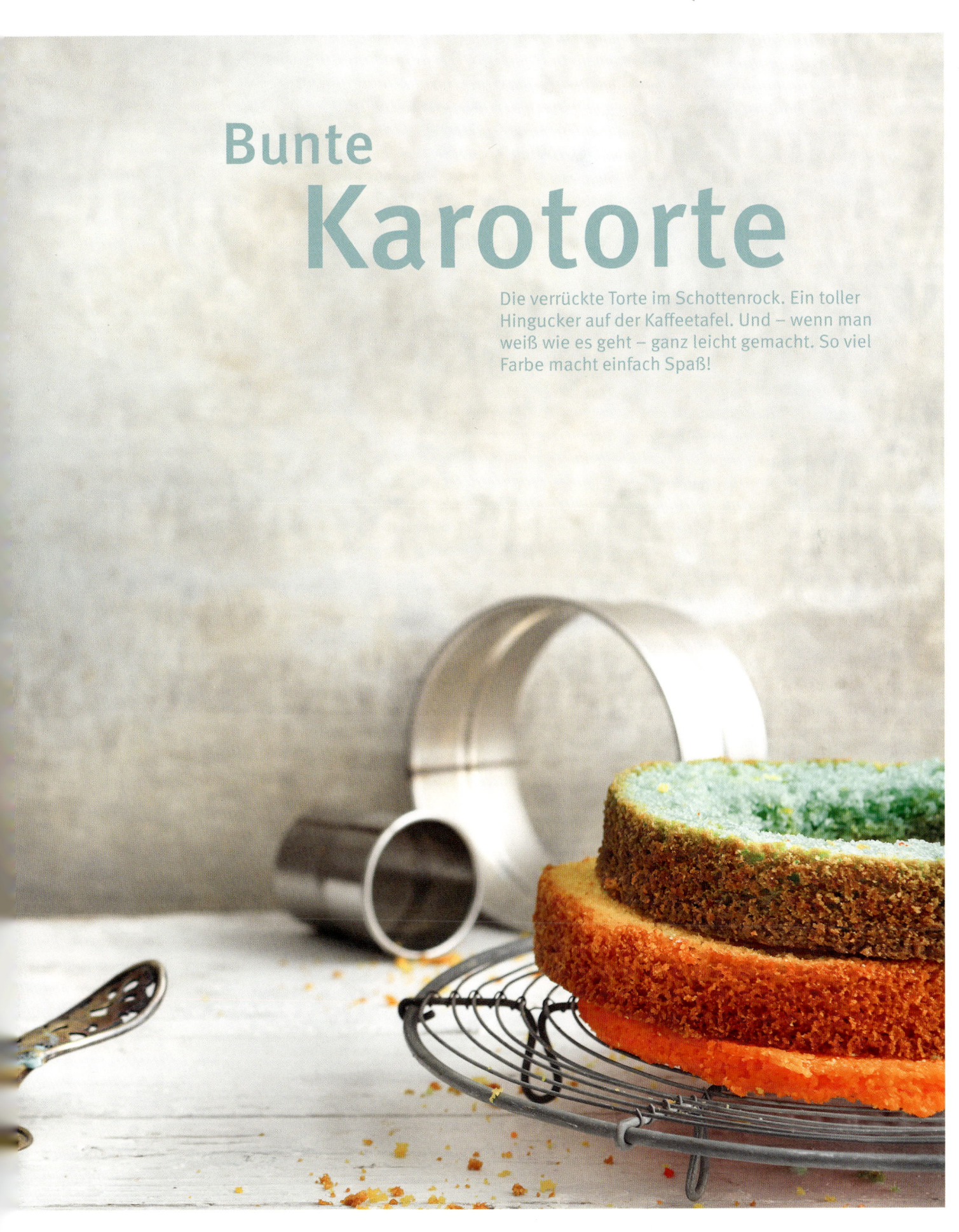

Bunte Karotorte

Schwierigkeit: ●●◐

Für 1 Torte (40 Stücke) | Pro Stück ca. 500 kcal, 5 g EW, 27 g F, 60 g KH
2 Std. Min. Zubereitung, 1 Std. 30 Min. Backen, 1 Std. Kühlen

FÜR DIE GROSSEN BÖDEN:
400 g weiche Butter
1 Prise Salz
400 g Zucker
3 TL Vanilleextrakt
8 Eier (M)
400 g Mehl
1 Pck. Backpulver
gelbe und orange Lebensmittelfarbe

FÜR DIE KLEINEN BÖDEN:
300 g weiche Butter
1 Prise Salz
300 g Zucker

2 TL Vanilleextrakt
6 Eier (M)
300 g Mehl
1 ½ Pck. Backpulver
gelbe und orange Lebensmittelfarbe

FÜR DIE BUTTERCREME:
500 g weiche Butter
ca. 1 kg Puderzucker
himmelblaue Lebensmittelfarbe

FÜR FÜLLUNG UND DEKO:
200 g Pfirsichkonfitüre
bunte Zuckerperlen (Nonpareilles)

AUSSERDEM:
2 Springformen (20 cm ∅)
2 Springformen (15 cm ∅)
Butter für die Formen
Spritzbeutel mit geschlossener Sterntülle (10 und 14 mm ∅)
Kreisausstecher (5, 10 und 15 cm ∅,
   ersatzweise Schüssel oder Glas)
Cake Board (20 cm ∅)

1 Den Backofen auf 180° vorheizen. Die Böden der Formen mit Backpapier auslegen und die Ränder einfetten. Für die großen Böden Butter, Salz, Zucker und Vanilleextrakt cremig rühren. Die Eier einzeln einrühren. Mehl und Backpulver darübersieben und alles zu einem glatten Teig verrühren. Den Teig halbieren und eine Hälfte gelb, die andere orange einfärben. Die Teige in die großen Formen füllen, glatt streichen und im Ofen (Mitte) 45–50 Min. backen. Leicht abgekühlt aus den Formen lösen und auskühlen lassen.

2 Für die kleinen Böden den Teig ebenso zubereiten. Dann halbieren und eine Hälfte gelb, die andere orange einfärben. Die Teige in die kleinen Formen füllen, glatt streichen und im Ofen (Mitte) 35–40 Min. backen. Herausnehmen und abkühlen lassen.

3 Inzwischen für die Buttercreme die Butter cremig rühren. Den Puderzucker nach und nach darübersieben und alles zu einer streichfesten Creme verrühren. Die Creme halbieren und eine Hälfte hellblau einfärben. Die blaue Buttercreme in den Spritzbeutel mit 14-mm-Stern-tülle, die ungefärbte Creme in den Spritzbeutel mit 10-mm-Sterntülle füllen.

4 Alle Kuchen begradigen und waagerecht halbieren. Aus den vier großen Böden mit dem 10-cm-Ausstecher mittig einen Kreis ausstechen. Dann rundum mit dem

15-cm-Ausstecher einen zweiten Kreis ausstechen. Das ergibt je vier große, mittlere und kleine Ringe in Gelb und Orange. Die Ringe nun wieder farblich abwechselnd zu vier Böden zusammensetzen. Mit den vier kleinen Böden ebenso verfahren, dabei den 5-cm und den 10-cm-Ausstecher verwenden.

5 Einen großen »geringelten« Tortenboden auf das Cake Board setzen und mit Konfitüre bestreichen. Den zweiten Tortenboden mit entgegengesetztem Farbverlauf daraufsetzen und ebenfalls mit Konfitüre bestreichen. So fortfahren, bis alle Böden gestapelt sind. Die Torte rundum mit einer dünnen Schicht blauer Buttercreme einstreichen und ca. 1 Std. kühlen. Die kleine Torte ebenso zusammensetzen, mit einer dünnen Schicht ungefärbter Creme einstreichen und ebenfalls kühlen. 3 EL ungefärbte Creme beiseitestellen und mit dem Rest am Rand der kleine Torte eine zweite Schicht Buttercreme auftragen. Glatt streichen und die Zuckerperlen daraufstreuen.

6 Die Torten aufeinandersetzen. Den Rand der großen Torte mit blauen Buttercremerüschen verzieren. Dafür senkrecht von oben nach unten eine flache Kringelreihe aufspritzen. Die nächste Reihe leicht überlappend ansetzen. Mit der übrigen ungefärbten Creme kleine Tuffs an den unteren Rand und auf die kleine Torte spritzen.

Begradigen und halbieren: Die Kuchen aus den Formen lösen und ganz auskühlen lassen. Danach alle Kuchen begradigen und jeweils waagerecht halbieren. Achtung: hier unbedingt genau arbeiten!

Die großen Böden ausstechen: Dafür den 10- und 15-cm-Ausstecher verwenden. Zuerst mit dem 10-cm-Ausstecher aus allen großen Böden einen Kreis genau in der Mitte ausstechen. Anschließend mit dem 15-cm-Ausstecher ebenfalls mittig rundum einen weiteren Kreis ausstechen.

Ausgestochene Kreise: So erhält man je vier große, vier mittlere und vier kleine gelbe und orange Kreise.

Böden zusammensetzen: Die ausgestochenen Kreise nun so zusammensetzen, dass die Farben sich abwechseln. Mit den kleinen Kuchen ebenso verfahren, dabei den 5-cm und den 10-cm-Ausstecher verwenden.

Die Torte zusammensetzen: Den ersten Tortenboden der 20-cm-Torte auf das Cake Board setzen und mit etwas Konfitüre bestreichen.

Karomuster bilden: Den nächsten Tortenboden mit den entgegengesetzten Kreisfarben auflegen und ebenfalls mit Konfitüre bestreichen. So fortfahren, bis alle Böden gestapelt sind. Mit der kleinen Torte wiederholen.

Somewhere over the rainbow

Schwierigkeit: ●●●

Für 1 Torte (16 Stücke) | Pro Stück ca. 1040 kcal, 8 g EW, 61 g F, 114 g KH
2 Std. Zubereitung, 3 Std. Trocknen, 1 Std. 45 Min. Backen, 1 Std. Kühlen

FÜR DIE DEKO:
je 50 g roter, gelber und grüner
  Fondant
silberner Dekorzucker (Streuzucker)

FÜR DEN TEIG:
400 g weiche Butter
1 Prise Salz
400 g Zucker
2 TL Vanilleextrakt
8 Eier (M)
400 g Mehl
1 Pck. Backpulver

lila, blaue, grüne, gelbe, orange und
  rote Lebensmittelfarbe

FÜR DIE FRISCHKÄSECREME:
4 Passionsfrüchte
150 g Doppelrahmfrischkäse
150 g Mascarpone
100 g Puderzucker
200 g kalte Sahne

FÜR DIE BUTTERCREME:
500 g weiche Butter
2 TL Vanilleextrakt

1 kg Puderzucker
rote, lila, blaue, grüne, gelbe und
  orange Lebensmittelfarbe

AUSSERDEM:
Herzausstecher (5 cm ⌀)
3 Stücke Wickeldraht (20 cm lang)
2 Springformen (15 cm ⌀)
Butter für die Formen
Cake Board (15 cm ⌀)
Drehteller
6 Spritzbeutel mit Rosentüllen
  (15 mm ⌀)

1 Für die Deko die Fondants weich kneten und ca. 5 mm dick ausrollen. Je ein Herz ausstechen, auf ein Drahtstäbchen stecken und ca. 3 Std. trocknen lassen.

2 Den Backofen auf 180° vorheizen. Die Böden der Formen mit Backpapier auslegen und die Ränder einfetten. Für den Teig Butter, Salz, Zucker und Vanilleextrakt cremig rühren. Die Eier einzeln einrühren. Mehl und Backpulver darübersieben und alles zu einem glatten Teig verrühren. Den Teig in sechs Portionen teilen und jeweils mit einer Lebensmittelfarbe einfärben. Die ersten beiden Teige in die Formen füllen, glatt streichen und im Ofen (Mitte) 30–35 Min. backen. Die Kuchen leicht abgekühlt aus den Formen lösen und auskühlen lassen. Die übrigen Teige ebenso backen.

3 Für die Frischkäsecreme die Passionsfrüchte halbieren, das Fruchtfleisch durch ein Sieb streichen und dabei 40 ml Saft auffangen. Frischkäse und Mascarpone cremig rühren. Passionsfruchtsaft und Puderzucker nach und nach unterrühren. Die Sahne steif schlagen und vorsichtig unterheben. Die Creme ca. 30 Min. kühlen.

4 Die Böden mit der Frischkäsecreme bestreichen und mit dem lila Boden beginnend in Regenbogenfarben stapeln. Mit dem roten Boden abschließen. Die Torte auf das Cake Board setzen und auf den Drehteller stellen.

5 Für die Buttercreme Butter und Vanilleextrakt cremig rühren. Den Puderzucker nach und nach darübersieben und unterrühren, bis eine streichfeste Creme entsteht. 6 EL davon beiseitestellen, die restliche Buttercreme in sieben Portionen teilen. Zwei Portionen zusammennehmen und rot einfärben, die restlichen Portionen in je einer weiteren Farbe färben.

6 Die Torte zuerst rundum mit einer dünnen Schicht der ungefärbten Buttercreme einstreichen. Dann die Oberseite mit roter Buttercreme glatt bestreichen und die Torte ca. 1 Std. kalt stellen.

7 Die farbigen Buttercremes in die Spritzbeutel füllen. Mit lila Buttercreme beginnend eine Rüschenreihe um den unteren Tortenrand spritzen. Dafür die Tülle mit dem dünnen Ende nach unten halten und an die Torte anlegen. Die Buttercreme mit gleichmäßigem Druck und leichten Auf- und Abbewegungen mit einer Hand aufspritzen und dabei mit der anderen Hand den Teller drehen. Sobald eine Rüschenreihe abgeschlossen ist, die Tülle absetzen. Mit den restlichen farbigen Cremes wiederholen und die Torte so von unten nach oben in Regenbogenfarben einspritzen. Mit roter Buttercreme abschließen und auch die Oberfläche mit roten Rüschen verzieren. Die Fondantherzen in die Torte stecken und die Oberfläche mit Dekorzucker bestreuen.

Achtung, ich komme!

Schwierigkeit: ●●◌

Für 1 Torte (24 Stücke) | Pro Stück ca. 490 kcal, 5 g EW, 27 g F, 56 g KH

1 Std. 30 Min. Zubereitung, 3 Std. Trocknen und Kühlen, 55 Min. Backen

FÜR DEKO UND FÜLLUNG:
100 g Marshmallow-Fondant
   (siehe S. 72)
200 g weißer Fondant
pfirsichfarbene, rote, schwarze und
   dunkelblaue Lebensmittelfarbe
Lebensmittelkleber
schwarzer Lebensmittelstift
200 g Brombeerkonfitüre

FÜR DEN VANILLETEIG:
200 g weiche Butter
1 Prise Salz
200 g Zucker

1 TL Vanilleextrakt
4 Eier (M)
200 g Mehl
½ Pck. Backpulver

FÜR DEN SCHOKOLADENTEIG:
125 g Zartbitterschokolade
   (mind. 70 % Kakaogehalt)
125 g Butter
4 Eier (M)
125 g Zucker
125 g Mehl
1 Pck. Backpulver
200 g Crème fraîche

FÜR DIE BUTTERCREME:
250 g weiche Butter
1 TL Vanilleextrakt
hellblaue Lebensmittelfarbe
500 g Puderzucker

AUSSERDEM:
2 Stücke Wickeldraht (20 cm lang)
2 Springformen (20 cm ⌀)
Butter für die Formen
Wolkenausstecher (4 und 6 cm ⌀)

1 Für die Deko den Marshmallow-Fondant weich kneten und acht Wolken ausstechen. Den weißen Fondant weich kneten und einen kleinen Teil pfirsichfarben einfärben. Den Rest rot, schwarz und blau färben. Aus dem blauen Fondant eine dünne Rolle formen, zwei Stücke für die Arme und zwei längere für die Beine zuschneiden. Den restlichen blauen Fondant zu einem Rechteck für den Körper formen, dann Arme und Beine mit Lebensmittelkleber daran befestigen. Aus dem schwarzen und pfirsich Fondant je zwei kleine Kugeln für Füße und Hände formen und ankleben. Aus dem Rest eine Kugel für den Kopf rollen. Fliegerbrille und Nase formen und aufkleben, den Mund aufzeichnen. Aus dem roten Fondant die Fliegerkappe und ein Rechteck (5 × 15 cm) für den Fallschirm formen. Die Kappe auf dem Kopf ankleben und alle Teile ca. 2 Std. trocknen lassen. Den Fallschirm mit Draht am Rücken befestigen.

2 Backofen auf 180° vorheizen, die Böden der Formen mit Backpapier auslegen, die Ränder einfetten. Für den Vanilleteig Butter, Salz, Zucker und Vanilleextrakt cremig rühren, Eier einzeln einrühren. Mehl und Backpulver darübersieben, alles zu einem glatten Teig verrühren.

3 Für den Schokoteig die Schokolade grob hacken und mit der Butter über dem heißen Wasserbad schmelzen.

Danach abkühlen lassen. Eier und Zucker mit den Quirlen des Handrührgeräts hellschaumig rühren. Mehl und Backpulver darübersieben und kurz untermischen. Schokobutter und Crème fraîche in zwei Portionen vorsichtig mit dem Teigschaber unterheben.

4 Die Teige in die Formen füllen, glatt streichen und im Ofen (Mitte) 45–50 Min. (Vanille) und 50–55 Min. (Schokolade) backen. Leicht abgekühlt aus den Formen lösen und ganz auskühlen lassen. Danach beide Kuchen begradigen und waagerecht halbieren.

5 Einen Schokoladenboden auf eine Tortenplatte setzen und mit Konfitüre bestreichen. Einen Vanilleboden darauflegen und ebenfalls mit Konfitüre bestreichen. Mit dem zweiten Schokoboden wiederholen, den zweiten Vanilleboden nur auflegen.

6 Für die Buttercreme Butter, Vanilleextrakt und einige Tropfen Lebensmittelfarbe in einer Schüssel cremig rühren. Den Puderzucker nach und nach darübersieben und unterrühren, bis eine streichfeste Creme entsteht. Die Torte mit der Creme rundum glatt einstreichen und ca. 1 Std. kalt stellen. Zuletzt die Wolken am Rand andrücken und den Fallschirmspringer auf die Torte setzen.

Für alle Fondantkünstler ein echter Zuckerbasteltraum.
Zur Belohnung gibt es *Höhenflüge mit Buttercreme* und
Marshmallow-Wolken.

Geburtstag in Zahlen

Schwierigkeit: ●●○

Für 1 Torte (8–10 Stücke) | Pro Stück ca. 770 kcal, 6 g EW, 43 g F, 90 g KH

2 Std. Zubereitung, 24 Std. Trocknen, 1 Std. Backen, 1 Std. Kühlen

FÜR DIE DEKO:
700 g grüner Fondant
je 150 g gelber, lila, blauer, dunkel-
grüner und roter Fondant
Lebensmittelkleber
8 Zuckeraugen
Zuckerkonfetti

FÜR DEN TEIG:
2 Bio-Limetten
125 g Heidelbeeren
300 g weiche Butter

1 Prise Salz
300 g Zucker
2 TL Vanilleextrakt
6 Eier (M)
300 g Mehl
¾ Pck. Backpulver

FÜR DIE BUTTERCREME:
250 g weiche Butter
1 TL Vanilleextrakt
grüne Lebensmittelfarbe
500 g Puderzucker

AUSSERDEM:
rechteckiges Cake Drum
(ca. 25 × 35 cm)
rechteckige Backform (20 × 30 cm)
Butter und Mehl für die Form
Buchstabenausstecher (4 cm)
Wickeldraht
Spritzbeutel mit Sterntülle
(10 mm ∅)

1 Für die Deko das Cake Drum mit grünem Fondant eindecken (siehe S. 14–15). Das Cake Drum danach ca. 24 Std. trocknen lassen.

2 Den Backofen auf 180° vorheizen. Die Form einfetten und mit Mehl bestäuben. Für den Teig die Limetten heiß abwaschen, abtrocknen und die Schale abreiben. Die Heidelbeeren verlesen, waschen und trocken tupfen. Butter, Salz, Zucker und Vanilleextrakt cremig rühren. Die Eier einzeln einrühren. Mehl und Backpulver darübersieben und alles zu einem glatten Teig verrühren. Limettenschale und Beeren unterheben. Den Teig in die Form füllen, glatt streichen und im Ofen (Mitte) 50–60 Min. backen.

3 Inzwischen für die Deko die bunten Fondants weich kneten, dünn ausrollen und die Buchstaben »HIP HIP HOORAY« ausstechen. Aus dem restlichen gelben, lila, blauen und dunkelgrünen Fondant vier Vögel formen. Dafür je einen ovalen Körper und zwei tropfenförmige Flügel formen. Die Flügel mit Kleber an den Körpern befestigen. Aus dem restlichen roten Fondant vier Schnäbel und vier Herzen formen. Die Schnäbel und die Zuckeraugen auf die Vögel kleben und jeweils den Mund

einritzen. Die Herzen jeweils mit einem Stückchen Draht an einem Flügel befestigen. Bis zur Verwendung trocknen lassen.

4 Den Kuchen leicht abgekühlt aus der Form lösen und ganz auskühlen lassen. Danach auf einem DIN-A4-Blatt eine große »2« vorzeichnen und ausschneiden. Die Schablone auf den Kuchen legen und rundum ausschneiden.

5 Für die Buttercreme Butter, Vanilleextrakt und einige Tropfen Lebensmittelfarbe in einer Schüssel cremig rühren. Den Puderzucker nach und nach darübersieben und unterrühren, bis eine streichfeste Creme entsteht. Einen kleinen Teil der Creme in eine Schüssel füllen. Den Kuchen auf eine Tortenplatte sezten, rundum dünn mit der Creme einstreichen und ca. 1 Std. kalt stellen.

6 Den Kuchen danach auf das Cake Drum setzen. Die restliche Buttercreme in den Spritzbeutel füllen und rundum Tupfen aufspritzen. Die Buchstaben mit Kleber auf dem Board befestigen. Die Vögel auf die Torte setzen und das Zuckerkonfetti aufstreuen.

Let's party!

Schwierigkeit: ●●●
Für 1 Torte (12 Stücke) | Pro Stück ca. 770 kcal, 6 g EW, 44 g F, 88 g KH
1 Std. 30 Min. Zubereitung, 50 Min. Backen

FÜR DEN TEIG:
200 g weiche Butter
1 Prise Salz | 200 g Zucker
1 TL Vanilleextrakt
4 Eier (M)
200 g Mehl
½ Pck. Backpulver

FÜR DIE BUTTERCREME:
250 g weiche Butter
1 TL Vanilleextrakt

500 g Puderzucker
Lebensmittelfarben (z. B. gelb, braun,
  rosa, flieder, mint)
Aromen (z. B. Waldmeister, Erdbeere,
  nach Belieben)

FÜR FÜLLUNG UND DEKO:
200 g Erdbeeren
250 g kalte Sahne
1 Pck. Sahnefestiger
3 EL Zucker

5 kleine Eistüten (10 cm lang)
bunte Zuckerperlen (Nonpareilles)
Zuckerkonfetti

AUSSERDEM:
Springform (20 cm ∅)
Butter für die Form
Spritzbeutel mit Sterntülle
  (14 mm ∅)
kleiner Kugelausstecher

1 Den Backofen auf 180° vorheizen. Den Boden der Form mit Backpapier auslegen und den Rand einfetten. Für den Teig Butter, Salz, Zucker und Vanilleextrakt cremig rühren. Die Eier einzeln einrühren. Mehl und Backpulver darübersieben und alles zu einem glatten Teig verrühren. Den Teig in die Form füllen, glatt streichen und im Ofen (Mitte) 45–50 Min. backen. Herausnehmen, den Kuchen leicht abgekühlt aus der Form lösen und ganz auskühlen lassen.

2 Für die Buttercreme Butter und Vanilleextrakt in einer Schüssel cremig rühren. Den Puderzucker nach und nach darübersieben und unterrühren, bis eine streichfeste Creme entsteht. Von der Buttercreme fünf Portionen (je 1–2 TL) abnehmen, mit den Lebensmittelfarben einfärben und nach Belieben mit den Aromen mischen. Falls die Buttercreme dabei zu flüssig wird, noch etwas mehr Puderzucker unterrühren.

3 Für die Füllung die Erdbeeren waschen, trocken tupfen und putzen. Dann in kleine Stücke schneiden.

4 Den Tortenboden begradigen und waagerecht halbieren. Den unteren Boden mit 3 EL Buttercreme bestreichen und die Erdbeerstückchen gleichmäßig darauf verteilen. Den zweiten Boden daraufsetzen und die Torte rundum glatt mit Buttercreme einstreichen. Den Tortenrand dick mit Zuckerperlen bestreuen.

5 Die Sahne mit Sahnefestiger und Zucker steif schlagen und in den Spritzbeutel füllen. Auf die Torte fünf Sahnekringel aufspritzen und die Eistüten hineinstecken. Die eingefärbte Buttercreme mit einem Kugelausstecher zu Kugeln formen und in die Eistüten setzen. Die Torte mit Zuckerperlen und -konfetti dekorieren.

Für Osterhasen

Schwierigkeit: ●●●
Für 1 Torte (24 Stücke) | Pro Stück ca. 510 kcal, 6 g EW, 31 g F, 51 g KH
1 Std. Zubereitung, 55 Min. Backen, 1 Std. Kühlen

FÜR DEN TEIG:
1 Bio-Orange
150 g weiche Butter
1 Prise Salz
350 g Zucker
6 Eier (M)
250 g Mehl
1 Pck. Backpulver
300 g gemahlene Haselnüsse

FÜR DIE BUTTERCREME:
300 g weiche Butter
400 g Puderzucker
400 g Doppelrahmfrischkäse
mintfarbene Lebensmittelfarbe

FÜR FÜLLUNG UND DEKO:
1 Mango
200 g Marzipanrohmasse
6 EL Puderzucker

gelbe, rosa und hellblaue Lebensmittelfarbe (Paste)
1 TL Kakaopulver

AUSSERDEM:
2 Springformen (20 cm ∅)
Butter für die Formen
Cake Board (20 cm ∅)
Puderzucker zum Arbeiten
Fächerpinsel

1 Den Backofen auf 180° vorheizen. Den Boden der Formen mit Backpapier auslegen und die Ränder einfetten. Für den Teig die Orange heiß abwaschen und abtrocknen. Die Schale abreiben und ca. 80 ml Saft auspressen. Butter, Salz und Zucker cremig rühren. Orangenschale und -saft zugeben und die Eier einzeln unterrühren. Mehl, Backpulver und Haselnüsse mit dem Teigschaber unterheben. Den Teig in die Formen füllen, glatt streichen und im Ofen (Mitte) 50–55 Min. backen. Herausnehmen, leicht abgekühlt aus den Formen lösen und ganz auskühlen lassen.

2 Die Kuchen danach waagerecht halbieren. Drei Böden beiseitelegen, den vierten Boden in einer Schüssel fein zerbröseln.

3 Für die Buttercreme die Butter cremig rühren. Den Puderzucker in zwei Portionen darübersieben und unterrühren. Den Frischkäse und einige Tropfen Lebensmittelfarbe einrühren. Von der Creme 2 EL abnehmen, mit den Kuchenbröseln vermischen und aus der Masse vier Eier formen. Die Kucheneier kühlen.

4 Für die Füllung die Mango schälen, das Fruchtfleisch flach vom Stein schneiden und klein würfeln. Einen Tortenboden auf das Cake Board setzen. 3 EL Buttercreme darauf verstreichen und die Hälfte der Mangowürfel darauf verteilen. Den zweiten Boden auflegen, wieder mit

3 EL Buttercreme bestreichen und die restliche Mango daraufstreuen. Mit dem dritten Boden abdecken. Die Torte rundum mit einer dünnen Schicht Buttercreme einstreichen und ca. 1 Std. kalt stellen.

5 Für die Deko das Marzipan weich kneten und in vier Portionen teilen. Je 1 ½ EL Puderzucker unterkneten und je eine Portion gelb, rosa und hellblau einfärben, die letzte Portion hell belassen. Die Arbeitsfläche mit Puderzucker bestreuen, das Marzipan dünn ausrollen und Ovale (4–5 cm) ausschneiden. Die Kucheneier mit den Ovalen umhüllen. Eine zweite Schicht Buttercreme glatt auf der Torte auftragen und die bunten Kucheneier in der Tortenmitte platzieren.

6 Das Kakaopulver mit 4 TL lauwarmem Wasser mischen. Den Pinsel mit der Spitze in die Kakaolösung dippen und die Torte damit bespritzen. Dabei nicht zu viel Kakaolösung mit dem Pinsel aufnehmen und mit einer Klopfbewegung aus dem Handgelenk arbeiten. Die Torte so rundherum mit Kakaotröpfchen verzieren.

Tipp

Üben Sie die »Spritztechnik« am besten zuerst auf Backpapier, bis sie sicher klappt. Und richten Sie Ihre Küche spritzertauglich her, bevor sie die Torte verzieren.

Die perfekte Torte für suchfaule Hasen. Ein fertiges Osternest
mit Marzipaneiern und *Schokoladen-Sprenkeln!* Nur löffeln müssen sie noch selbst …

Ein Stückchen Melone, bitte!

Schwierigkeit: ●●●

Für 1 Torte (20 Stücke) | Pro Stück ca. 600 kcal, 3 g EW, 33 g F, 73 g KH
1 Std. 30 Min. Zubereitung, 55 Min. Backen, 5 Std. Kühlen

FÜR DEN TEIG:
250 g weiche Butter
1 Prise Salz | 250 g Zucker
1 TL Vanilleextrakt
5 Eier (M)
Wassermelonenaroma (z. B. von Pure
  Flavour, nach Belieben)
250 g Mehl
½ Pck. Backpulver

FÜR DIE BUTTERCREME:
500 g weiche Butter
1 kg Puderzucker
rote und grüne Lebensmittelfarbe

FÜR DIE DEKO:
16 Schokoladenrosinen (Fertig-
  produkt)

AUSSERDEM:
Springform (25 cm Ø)
Butter für die Form
Cake Board (25 cm Ø)
2 Spritzbeutel mit Randtülle
  (17 mm Ø)

1 Den Backofen auf 180° vorheizen. Den Boden der Form mit Backpapier auslegen und den Rand einfetten. Für den Teig Butter, Salz, Zucker und Vanilleextrakt cremig rühren. Die Eier einzeln einrühren und nach Belieben einige Tropfen Wassermelonenaroma zugeben. Mehl und Backpulver darübersieben und alles zu einem glatten Teig verrühren. Den Teig in die Form füllen, glatt streichen und im Ofen (Mitte) ca. 55 Min. backen. Herausnehmen, leicht abgekühlt aus der Form lösen und ganz auskühlen lassen.

2 Für die Buttercreme die Butter in einer Schüssel cremig rühren. Den Puderzucker nach und nach darübersieben und unterrühren, bis eine streichfeste Creme entsteht. Von der Buttercreme 8 EL zum Zusammensetzen der Torte abnehmen. Den Rest in eine große Portion (zwei Drittel) und eine kleine Portion (ein Drittel) teilen. Die große Portion rot, die kleine grün einfärben.

3 Den Kuchen begradigen und waagerecht halbieren. Die Böden anschließend in der Mitte durchschneiden, sodass vier Halbkreise entstehen (Achtung, genau arbeiten!). Drei Halbkreise auf die Arbeitsfläche legen und jeweils gleichmäßig mit 2 EL ungefärbter Buttercreme bestreichen. Die Halbkreise aufeinanderstapeln und leicht andrücken. Den vierten Halbkreis auflegen und die Torte ca. 1 Std. kalt stellen.

4 Die Torte danach mit der Rundung nach oben auf das Cake Board setzen. Die grüne Buttercreme in 1 Spritzbeutel füllen, die gesamte Rundung grün einspritzen und mit der Palette einstreichen. Dabei Rillen für die Melonenschale ziehen. Danach die rote Buttercreme in 1 Spritzbeutel füllen und den Halbkreis rechts und links einspritzen. Dabei am Rand einen schmalen Streifen für das helle Fruchtfleisch frei lassen. Die rote Creme glatt streichen, dann vorsichtig etwas ungefärbte Buttercreme in die Lücke füllen und ebenfalls glatt streichen. Die restliche ungefärbte und rote Buttercreme für die Torten-Unterseite kalt stellen.

5 Für die Deko die Schokoladenrosinen als Melonenkerne andrücken und die Torte mindestens 4 Std., besser über Nacht, kalt stellen.

6 Die Torte mit der Rundung nach unten auf eine Tortenplatte setzen. Die Buttercremes wieder ca. 30 Min. Zimmertemperatur annehmen lassen. Dann die noch unbedeckte Schmalseite mit der restlichen roten und ungefärbten Buttercreme einspritzen und glatt streichen.

Sehr beeindruckend, diese *Buttercreme-Kreation,* oder? Und das
Beste: die Kerne kann man sogar mitessen.

Monsteralarm

Schwierigkeit: ●●●

Für 1 Torte (16 Stücke) | Pro Stück ca. 805 kcal, 7 g EW, 52 g F, 77 g KH

2 Std. Zubereitung, 45 Min. Backen, 1 Std. Kühlen

FÜR DEN TEIG:
185 g Zartbitterschokolade
  (mind. 70 % Kakaogehalt)
185 g Butter | 6 Eier (M)
185 g Zucker
185 g Mehl
¾ Pck. Backpulver
300 g Crème fraîche

FÜR DIE GANACHE:
400 g weiße Schokolade
200 g Sahne
2 Bio-Limetten

FÜR DIE DEKO:
2–3 EL Doppelrahmfrischkäse
50 g schwarzer Fondant
100 g Zartbitterschokolade
  (mind. 70 % Kakaogehalt)
2 Zuckeraugen
3 Kaugummi-Dragees

FÜR DIE BUTTERCREME:
250 g weiche Butter
500 g Puderzucker
fliederfarbene Lebensmittelfarbe

AUSSERDEM:
2 Springformen (15 cm ∅)
Butter für die Formen
2 Holzstäbchen (20 cm lang, ersatzweise Cake-Pop-Stiele)
Cake Board (15 cm ∅)
2 Spritzbeutel mit Sterntülle
  (12 mm ∅)
Styroporplatte

1 Den Backofen auf 180° vorheizen. Die Böden der Formen mit Backpapier auslegen und die Ränder einfetten. Für den Teig die Schokolade grob hacken und mit der Butter in einer Schüssel über dem heißen Wasserbad schmelzen. Danach abkühlen lassen. Eier und Zucker mit den Quirlen des Handrührgeräts hellschaumig aufschlagen. Mehl und Backpulver darübersieben und kurz untermischen. Schokobutter und Crème fraîche in drei Portionen mit dem Teigschaber unterheben. Den Teig in die Formen füllen, glatt streichen und im Ofen (Mitte) 40–45 Min. backen. Herausnehmen, leicht abgekühlt aus den Formen lösen und ganz auskühlen lassen.

2 Für die Ganache die Schokolade klein hacken und in eine Schüssel geben. Die Sahne in einem kleinen Topf erhitzen und über die Schokolade gießen. Alles ca. 3 Min. schmelzen lassen, dann mit dem Schneebesen zu einer glatten Masse verrühren. Die Limetten heiß abwaschen, abtrocknen und die Schale fein abreiben. Die Limettenschale unter die Schokolade heben und die Ganache ca. 1 Std. bei Zimmertemperatur abkühlen lassen.

3 Inzwischen die Kuchen waagerecht halbieren und einen Boden in einer Schüssel fein zerbröseln. Den Frischkäse unter die Brösel mischen und aus der Masse zwei golfballgroße Kugeln formen. Die Kugeln auf die Holzstäbchen stecken und ca. 1 Std. kühlen.

4 Die Ganache mit dem Handrührgerät ca. 2 Min. aufschlagen. Einen Boden auf das Cake Board setzen und mit einem Drittel der Ganache bestreichen. Mit einem weiteren Boden wiederholen. Den letzten Boden auflegen und die Torte rundum mit dem letzten Drittel Ganache einstreichen.

5 Für die Buttercreme die Butter cremig rühren. Den Puderzucker nach und nach darübersieben und unterrühren, bis eine streichfeste Creme entsteht. Die Buttercreme halbieren und die Portionen in zwei Fliedertönen einfärben. Die Cremes in die Spritzbeutel füllen.

6 Den Fondant weich kneten, dünn ausrollen und einen Mund ausschneiden. Die Schokolade hacken und in einer Tasse im heißen Wasserbad schmelzen. Die Cake Pops einzeln in die Schokolade tauchen und den Überschuss abtropfen lassen. Die Cake Pops in die Styroporplatte stecken und antrocknen lassen. Die Zuckeraugen hineindrücken und die Cake Pops fest werden lassen.

7 Die Torte auf eine Tortenplatte setzen und mit der Buttercreme rundherum kleine Tupfen in zwei Farben aufspritzen. Die Cake Pops oben in die Torte stecken und den Fondantmund am Tortenrand andrücken. Zuletzt die Kaugummi-Dragees mit einem Tropfen Schokolade als Zähne auf dem Mund befestigen.

So macht Golfen Spaß

Schwierigkeit: 🧁🧁🧁

Für 1 Torte (12 Stücke) | Pro Stück ca. 900 kcal, 7 g EW, 50 g F, 106 g KH
1 Std. Zubereitung, 1 Std. Backen, 1 Std. Kühlen

FÜR DIE DEKO:
15 g roter Fondant
100 g weißer Fondant

FÜR DEN TEIG:
300 g weiche Butter
1 Prise Salz
300 g Zucker
2 TL Vanilleextrakt

6 Eier (M)
300 g Mehl
¾ Pck. Backpulver

FÜR DIE BUTTERCREME:
375 g weiche Butter
750 g Puderzucker
grüne Lebensmittelfarbe

AUSSERDEM:
Cake-Pop-Stiel
Pinsel
Springform (25 cm ⌀)
Butter für die Form
Spritzbeutel mit Lochtülle (8 mm ⌀)
Spritzbeutel mit Grastülle (10 mm ⌀)
Kreisausstecher (5 cm ⌀)

1 Für die Deko den roten Fondant weich kneten, ausrollen und einen Wimpel ausschneiden. Den Wimpel auf den Cake-Pop-Stiel stecken und trocknen lassen. Den weißen Fondant weich kneten und daraus eine golfballgroße Kugel formen. Für den »Golfball-Look« mit dem Stiel des Pinsels in regelmäßigen Abständen kleine Vertiefungen ins Fondant drücken.

2 Den Backofen auf 180° vorheizen. Den Boden der Form mit Backpapier auslegen und den Rand einfetten. Für den Teig Butter, Salz, Zucker und Vanilleextrakt cremig rühren. Die Eier einzeln einrühren. Mehl und Backpulver darübersieben und alles zu einem glatten Teig verrühren. Den Teig in die Form füllen, glatt streichen und im Ofen (Mitte) 55–60 Min. backen. Herausnehmen, leicht abgekühlt aus der Form lösen und ganz auskühlen lassen. Den Kuchen danach begradigen, den abgeschnittenen Teil fein zerkrümeln und beiseitestellen.

3 Für die Buttercreme die Butter in einer Schüssel cremig rühren. Den Puderzucker nach und nach darübersieben und unterrühren, bis eine streichfeste Creme entsteht. Die Buttercreme dritteln und ein Drittel mit Lebensmittelfarbe dunkelgrün, die restlichen beiden Drittel hellgrün einfärben. Die hellgrüne Creme in den Spritzbeutel mit Lochtülle, die dunkelgrüne Creme in den Spritzbeutel mit Grastülle füllen. Die Torte rundum glatt mit der hellgrünen Buttercreme einspritzen und glatt streichen. Die Torte ca. 1 Std. kalt stellen.

4 Danach mit dem Ausstecher auf der Tortenoberfläche einen Kreis anzeichnen und die Buttercreme im Kreisinneren entfernen. Den Kreisrand mit einem kleinen Messer gerade nachziehen und die Vertiefung mit den Kuchenbröseln füllen. Die Tortenoberfläche mit dunkelgrünen Buttercremetupfen für das Gras bedecken. Das Fähnchen am Rand des Sandlochs in die Kuchenbrösel stecken und den Fondantgolfball vor dem Loch ins Buttercremegras setzen.

Bienenstich

Schwierigkeit: ●●●

Für 1 Torte (24 Stücke) | Pro Stück ca. 625 kcal, 6 g EW, 36 g F, 70 g KH
1 Std. Zubereitung, 24 Std. Trocknen, 45 Min. Backen, 1 Std. Kühlen

FÜR DIE DEKO:
700 g weißer Fondant
150 g gelber Fondant
75 g schwarzer Fondant
schwarzer Lebensmittelstift
22 Mandelblättchen
Lebensmittelkleber
50 g Vollmilchschokolade

FÜR DEN TEIG:
2 Bio-Orangen
150 g weiche Butter | 1 Prise Salz
350 g Zucker | 6 Eier (L)

250 g Mehl | 1 Pck. Backpulver
300 g gemahlene Haselnüsse

FÜR DIE FRISCHKÄSECREME:
300 g Doppelrahmfrischkäse
150 g griechischer Joghurt
50 g Honig

FÜR DIE BUTTERCREME:
500 g weiche Butter
1 TL Vanilleextrakt
gelbe Lebensmittelfarbe
1 kg Puderzucker

AUSSERDEM:
Cake Drum (20 cm ⌀)
2 Springformen (15 cm ⌀)
Butter für die Formen
halbkugelförmige Metallschüssel
  (15 cm ⌀)
Butter und Mehl für die Schüssel
Spritzbeutel mit Lochtülle
  (12 mm ⌀)
Drehteller
Spritztüte (siehe S. 39)

1 Für die Deko das Cake Drum mit 600 g weißem Fondant eindecken (siehe S. 14–15). Den gelben Fondant weich kneten, ausrollen und zwölf sechseckige Waben ausschneiden. Aus dem Rest elf kleine Ovale für die Bienenkörper formen. Den schwarzen Fondant weich kneten und in dünne, ca. 10 cm lange Stränge rollen. Die Bienenkörper mit den Strängen umwickeln, sodass sie geringelt sind. Jeweils zwei Augen mit dem Lebensmittelstift aufmalen und je 2 Mandelblättchen als Flügel mit Kleber an den Körpern befestigen. Alle Fondantteile ca. 24 Std. trocknen lassen.

2 Den Backofen auf 180° vorheizen. Die Böden der Formen mit Backpapier auslegen und die Ränder einfetten. Die Schüssel einfetten und mit Mehl ausstäuben. Für den Teig die Orangen heiß abwaschen und abtrocknen. Die Schale abreiben und ca. 160 ml Saft auspressen. Butter, Prise Salz und Zucker cremig rühren. Orangenschale und -saft zugeben und die Eier einzeln unterrühren. Mehl, Backpulver und Nüsse mit dem Teigschaber unterheben. Den Teig gleichmäßig auf die Formen und die Schüssel verteilen, glatt streichen und im Ofen (Mitte) 40–45 Min. backen. Herausnehmen, leicht abgekühlt aus den Formen lösen und ganz auskühlen lassen. Alle Kuchen begradigen und die Kuchen aus den Springformen waagerecht halbieren.

3 Für die Frischkäsecreme Frischkäse, Joghurt und Honig verrühren. Kühlen. Für die Buttercreme Butter, Vanille und einige Tropfen gelbe Lebensmittelfarbe cremig rühren. Den Puderzucker nach und nach darübersieben und unterrühren, bis eine streichfeste Creme entsteht. Die Creme in den Spritzbeutel füllen und kühlen.

4 Einen Boden auf das Cake Drum setzen und mit einem Viertel der Frischkäsecreme bestreichen. Den nächsten Boden auflegen und wieder mit einem Viertel der Creme bestreichen. Mit den restlichen Böden wiederholen und zuletzt den halbrunden Boden mit der Wölbung nach oben auflegen. Die Torte rundum dünn mit Buttercreme einstreichen und ca. 1 Std. kalt stellen.

5 Die Torte danach auf den Drehteller setzen und rundum von unten nach oben mit Buttercreme einspritzen. Dafür die Tülle am unteren Tortenrand ansetzen die Creme gleichmäßig mit einer Hand aufspritzen und dabei mit der anderen Hand den Teller drehen.

6 Neun Bienen auf der Torte verteilen. Die Fondantwaben auf das Cake Drum kleben und die restlichen Bienen daraufsetzen. Die Schokolade im heißen Wasserbad schmelzen, abkühlen lassen und in die Spritztüte füllen. Ein kleines Loch in die Spitze schneiden und die Flugbahn der Bienen in Punkten auf die Torte zeichnen.

Einmal nicht rund bitte! Für Abwechslung auf der Kaffeetafel ist
mit diesem *gelben Cremehügel* sicher gesorgt. Da hört man
fast die Bienen summen.

Viva la
Piñata

Die Piñata, eine mit Süßigkeiten gefüllte Papp-figur, ist auf Kindergeburtstagen in Lateiname-rika sehr beliebt. Die kleinen Gäste bekommen Stöcke in die Hand, und mit verbunden Augen geht es der Piñata dann an den Kragen.

Viva la Piñata

Schwierigkeit: ●●◉
Für 1 Torte (20 Stücke) | Pro Stück ca. 695 kcal, 6 g EW, 32 g F, 96 g KH
1 Std. Zubereitung, 50 Min. Backen, 1 Std. Kühlen

FÜR DEN TEIG:
400 g weiche Butter
1 Prise Salz
400 g Zucker
2 TL Vanilleextrakt
8 Eier (M)
400 g Mehl
1 Pck. Backpulver

FÜR DIE HIMBEER-BUTTERCREME:
150 g Himbeeren
250 g weiche Butter
1 TL Vanilleextrakt
1 TL rosa Lebensmittelfarbe
1 kg Puderzucker

FÜR FÜLLUNG UND DEKO:
250 g Schokolinsen (z. B. Smarties)
Wimpelkette

2 Holzstäbchen (15 cm lang)
6 kleine Geburtstagskerzen mit
   Halterung
Zuckerkonfetti

AUSSERDEM:
2 halbkugelförmige Metallschüsseln
   (25 cm ⌀)
Butter und Mehl für die Schüsseln

1 Den Backofen auf 180° vorheizen. Die Schüsseln einfetten und mit Mehl ausstäuben. Für den Teig Butter, Salz, Zucker und Vanilleextrakt cremig rühren. Die Eier einzeln einrühren. Mehl und Backpulver darübersieben und alles zu einem glatten Teig verrühren. Den Teig in die Schüsseln füllen, glatt streichen und im Ofen (Mitte) 45–50 Min. backen. Herausnehmen, leicht abgekühlt aus den Schüsseln lösen und ganz auskühlen lassen.

2 Von beiden Kuchen an der geraden Seite eine dünne Scheibe abschneiden und so begradigen. Die Kuchen danach vorsichtig mit einem Löffel aushöhlen, damit keine Löcher im Rand entstehen. Dabei einen 4–5 cm breiten Rand stehen lassen, damit die Torte stabil bleibt.

3 Für die Buttercreme die Himbeeren verlesen, waschen und trocken tupfen. Die Beeren dann pürieren. Das Himbeerpüree mit Butter, Vanilleextrakt und einigen Tropfen Lebensmittelfarbe in einer Schüssel cremig rühren. Den Puderzucker nach und nach darübersieben und rühren, bis eine streichfeste Creme entsteht.

4 Einen Kuchen mit der Wölbung nach unten auf ein Brett setzen und großzügig mit den Schokolinsen befüllen. Dann den oberen Kuchenrand mit Buttercreme bestreichen und den zweiten Kuchen mit der Rundung nach oben daraufsetzen, sodass eine Kugel ensteht. Die Torte auf eine Tortenplatte setzen, rundum gleichmäßig mit Buttercreme einstreichen und ca. 1 Std. kalt stellen.

5 Für die Deko die Wimpelkette an die Holzstäbchen binden, die Stäbchen in die Torte stecken und die Wimpelkette so aufspannen. Die Kerzen in die Torte stecken und die Torte mit Zuckerkonfetti dekorieren.

Tipp

Die Kuchenabschnitte sind zum Wegwerfen natürlich viel zu schade! Ich forme lieber Cake Pops daraus. Dafür die abgeschnittenen Kuchenscheiben und den ausgehöhlten Teil zerkrümeln und mit ca. 100 g Doppelrahmfrischkäse zu einer festen Masse vermischen. Aus der Masse kleine Kugeln rollen und auf Cake-Pop-Stiele stecken. Die Pops mit 125 g geschmolzener Schokolade überziehen, trocknen lassen und nach Wunsch verzieren.

Teig rühren: Die Butter mit 1 Prise Salz, Zucker und Vanilleextxrakt cremig rühren. Dann die Eier einzeln unterrühren. Mehl und Backpulver über die Masse sieben und weiterrühren, bis ein glatter Teig entsteht.

Begradigen und aushöhlen: Von beiden Kuchen an der geraden Seite eine sehr dünne Scheibe abschneiden. Die Kuchen dann mit einem Löffel aushöhlen. Dabei vorsichtig arbeiten, damit keine Löcher im Rand entstehen und den Rand nicht zu dünn machen, damit die Torte stabil bleibt.

Den Kuchen füllen: Einen der Kuchen mit der Rundung nach unten auf ein Brett setzen und großzügig mit den Schokolinsen füllen.

Die Torte zusammensetzen: Den Kuchenrand mit Buttercreme bestreichen. Dann den zweiten Kuchen mit der Rundung nach oben daraufsetzen, sodass eine Kugel entsteht.

Einstreichen: Die Torte auf eine Tortenplatte setzen. Mit einer Palette rundum gleichmäßig und glatt mit Buttercreme einstreichen.

Dekorieren: Die fertige Torte mit dem Zuckerkonfetti bestreuen. Zuletzt die Wimpelkette und die Geburtstagskerzen hineinstecken.

FANTAS-TISCHER FONDANT

Aus dieser bunten Zuckermasse sind Tortenträume.
Ob zum Eindecken von Torten, zum Formen von
Figuren und Blüten oder zum Verschönern von
Cake Drums – Fondant ist aus der Tortenküche
einfach nicht wegzudenken.

Fondant hoch 3!

Fondant ist nicht gleich Fondant. Je nachdem, wofür die Zuckerpaste verwendet werden soll, gibt es große Unterschiede.

Fondant

Fondant ist eine Zuckerpaste zum Überziehen von Torten. Um sie begrifflich vom flüssigen Fondant oder Zuckerguss abzugrenzen, wird sie häufig auch als »Rollfondant« bezeichnet. Mischt man noch CMC-Pulver oder Blütenpaste unter den Fondant, erhält man Modellierfondant. Daneben gibt es Spezialfondants wie Marshmallow- und Schokoladen-Fondant oder veganen Fondant mit Agar-Agar. Zu haben sind diese im Fachhandel oder im Internet. Ein Rezept für Marshmallow-Fondant finden Sie weiter unten.

Blütenpaste

Einmal Blütenpaste, bitte! Die haben Sie im Handumdrehen selbst gemacht: Dafür 1 Eiweiß (M) schaumig schlagen und dabei 200 g Puderzucker und 2 TL CMC einrieseln lassen. Dann die Hände mit Kokosfett einfetten und 25 g Puderzucker unter die Masse kneten. Die Blütenpaste in Frischhaltefolie wickeln und 24 Std. im Kühlschrank ruhen lassen. Fertig!

Marshmallow-Fondant

Auch Marshmallow-Fondant ist schnell selbst gemacht. Dafür 200 g Marshmallows mit 25 ml Wasser über dem heißen Wasserbad schmelzen. Danach ca. 500 g gesiebten Puderzucker mit der geschmolzenen Masse verkneten, bis sie nicht mehr klebt. Den Fondant nach Belieben noch mit Lebensmittelfarbe einfärben, dann in Frischhaltefolie wickeln und ca. 24 Std. im Kühlschrank ruhen lassen. Ca. 2 Std. vor Gebrauch wieder herausnehmen.

Modellierfondant

Figuren für die Torte? Die werden am besten aus Modellierfondant geformt. Dafür verknetet man 500 g Fondant mit 1 TL CMC-Pulver, wickelt die Fondantmasse in Frischhaltefolie und lässt sie über Nacht an einem kühlen Ort ruhen. Modellierfondant ist fester als herkömmlicher Fondant und sollte deshalb recht zügig verarbeitet werden. Daraus geformte Figuren müssen vor dem Verwenden immer gut trocknen.

Zimmertemperatur

Fondant lässt sich am besten bei Zimmertemperatur bearbeiten. Falls die Zuckerpaste noch zu hart und spröde ist, hilft etwas Kokosfett. Dafür die Hände mit dem Fett eincremen und den Fondant durchkneten. Noch ein Tipp: Beim Arbeiten mit Fondant immer auf saubere Arbeitsflächen und Hände achten.

Fondant ausrollen

Damit Sie Ihren Fondant schön gleichmäßig ausrollen können, muss er zuerst weich geknetet werden. Danach den geschmeidigen Fondant zu einer Kugel formen und auf der dünn mit Bäckerstärke bestäubten Arbeitsfläche ausrollen. Dabei immer in eine Richtung rollen, den Fondant mehrfach anheben und um 45° drehen. Die optimale Dicke einer Fondantdecke beträgt 4–5 mm.

Fondant einfärben

Hochwertige Fondants sind oft weiß, damit sie individuell eingefärbt werden können. Dazu verwendet man Farbpulver oder Pasten. Sie ergeben kräftige Farben, ohne den Fondant aufzuweichen. Sehr intensive Farben wie schwarz und rot kauft man am besten vorgefärbt. Die kann man nur schwer selbst färben.

Blasen und Risse

Blasen bilden sich häufig beim Kneten, wenn der Fondant übereinandergeschlagen wird. Besser ist es deshalb, ihn in sich zu kneten. Risse lassen sich leicht vermeiden, wenn Sie den Fondant nicht zu dünn ausrollen und auch darauf achten, dass er nicht zu trocken wird.

Feuchtigkeit

Fondant mag es gerne trocken. Kommt er nämlich mit Feuchtigkeit in Berührung, löst er sich leider auf, wird weich und blass. Deshalb empfehle ich, vor dem Einschlagen der Torte unbedingt eine Schutzschicht aus Buttercreme oder Ganache zwischen der Torte und der Fondantdecke aufzutragen.

Reifeprüfung

Schwierigkeit: ●●●
Für 1 Torte (24 Stücke) | Pro Stück ca. 830 kcal, 7 g EW, 49 g F, 90 g KH
2 Std. Zubereitung, 24 Std. Trocknen, 1 Std. 10 Min. Backen, 1 Std. Kühlen

FÜR DIE DEKO:
2,4 kg weißer Fondant
blauer und roter Lebensmittelstift
je 300 g roter, gelber, lila, blauer und
   grüner Fondant
3 TL CMC | 25 g beiger Fondant
Lebensmittelkleber

FÜR DEN TEIG:
315 g Zartbitterschokolade
   (mind. 70 % Kakaogehalt)
315 g Butter
10 Eier (M) | 315 g Zucker

315 g Mehl
1 ¼ Pck. Backpulver
500 g Crème fraîche

FÜR DIE KARAMELLCREME:
100 g Zucker | 200 g Sahne
400 g Mascarpone
30 ml Sahnelikör (z. B. Baileys)

FÜR DIE BUTTERCREME:
250 g weiche Butter
1 TL Vanilleextrakt
500 g Puderzucker

AUSSERDEM:
Cake Drum (30 × 30 cm)
langes Lineal
2 Springformen (20 und 24 cm ∅)
Butter für die Formen
2 Cake Boards (20 und 24 cm ∅)
8 Holzstäbchen (20 cm lang)
Buchstaben-Ausstecher (4 cm)

1 Das Cake Drum mit 825 g weißem Fondant eindecken (siehe S. 14–15) und ca. 24 Std. trocknen lassen. Danach mit Lineal und blauem Lebensmittelstift waagerecht Linien mit 2 cm Abstand ziehen. Eine senkrechte rote Linie 3 cm vom linken Rand entfernt ziehen. Aus den Fondantabschnitten für die Bücher fünf Rechtecke (5 × 3 cm, 1 cm hoch) formen.

2 Die bunten Fondants weich kneten und mit je 1 TL CMC mischen. Für die Stifte die Fondants zu bleistiftdicken Rollen formen und in ca. 12 cm lange Stücke schneiden. Aus dem beigen Fondant bleistiftdicke Kegel formen und an den Enden glatt abschneiden. Für die Minen kleine farbige Kegel formen. An jede Stiftrolle einen beigen Kegel und eine Mine kleben. So 40 Stifte formen. Den restlichen Fondant erneut ausrollen, Buchstaben ausstechen und die Buchumschläge (5,5 × 7,5 cm) zuschneiden. Diese um die weißen Fondantrechtecke kleben. Alle Elemente ca. 2 Std. trocknen lassen.

3 Den Backofen auf 180° vorheizen. Die Böden der Formen mit Backpapier auslegen und die Ränder einfetten. Für den Teig die Schokolade grob hacken und mit der Butter über dem Wasserbad schmelzen. Dann abkühlen lassen. Eier und Zucker hellschaumig aufschlagen. Mehl und Backpulver darübersieben und kurz untermischen. Schokobutter und Crème fraîche in zwei Portionen unterheben. Den Teig in die Formen füllen, glatt streichen und im Ofen (Mitte) 50–55 Min. (20-cm-Form) und ca 1 Std. 10 Min. (24-cm-Form) backen. Aus den Formen lösen und auskühlen lassen.

4 Für den Karamell 75 g Zucker mit 2 TL Wasser in einer Pfanne bei mittlerer Hitze karamellisieren lassen. 50 g Sahne zugeben, mit dem Schneebesen durchrühren und abkühlen lassen. Mascarpone, Likör und restlichen Zucker verrühren und den Karamell unterrühren. Die restliche Sahne steif schlagen und unterheben.

5 Für die Buttercreme Butter und Vanilleextrakt cremig rühren. Den Puderzucker nach und nach einrühren, bis eine streichfeste Creme entsteht. 1 EL Creme beiseitestellen. Die Kuchen begradigen, waagerecht halbieren und mit Karamellcreme füllen. Rundum mit Buttercreme einstreichen und ca. 1 Std. kühlen.

6 Den restlichen weißen Fondant weich kneten, ausrollen und die Kuchen damit einschlagen. Die Torten mit Buttercreme auf den Boards fixieren. Die große Torte auf das Cake Drum setzen und die Torten mit den Holzstäbchen zusammensetzen (siehe S. 18–19). Die Stifte um die kleine Torte kleben, die Bücher darauflegen und die Buchstaben auf den Rand kleben. Aus den Fondantresten eine Rolle formen und unten um die Torte legen.

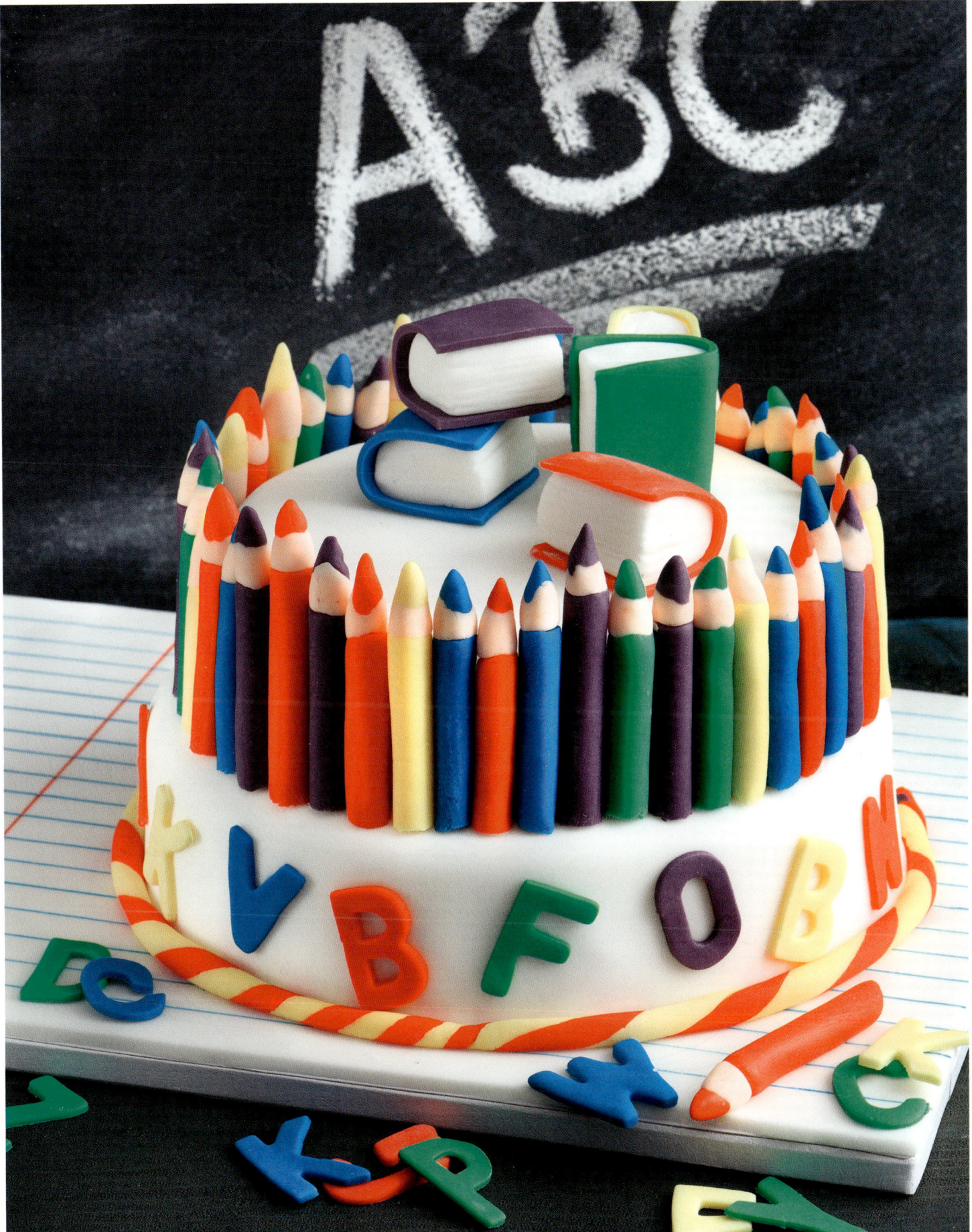

I am sailing

Schwierigkeit: ●●●

Für 1 Torte (16 Stücke) | Pro Stück ca. 980 kcal, 6 g EW, 46 g F, 135 g KH
1 Std. 30 Min. Zubereitung, 2 Std. Trocknen, 45 Min. Backen, 1 Std. Kühlen

FÜR DEN TEIG:
300 g weiche Butter
1 Prise Salz
300 g Zucker
1 TL Vanilleextrakt
6 Eier (M)
300 g Mehl
¾ Pck. Backpulver

FÜR DIE FRISCHKÄSECREME:
4 Passionsfrüchte
150 g Frischkäse

150 g Mascarpone
100 g Puderzucker
200 g kalte Sahne

FÜR DIE BUTTERCREME:
250 g weiche Butter
1 TL Vanilleextrakt
500 g Puderzucker

FÜR DIE DEKO:
700 g hellblauer Fondant
500 g weißer Fondant

blaue Lebensmittelfarbe (Gel oder Pulver)
Lebensmittelkleber
50 g roter Fondant
50 g brauner Fondant | 2 TL CMC
6 EL Rohrzucker

AUSSERDEM:
2 Springformen (15 cm Ø)
Butter für die Formen
Cake Board (15 cm Ø)
4 Zahnstocher

1 Den Backofen auf 180° vorheizen. Die Böden der Formen mit Backpapier auslegen und die Ränder einfetten. Für den Teig Butter, Salz, Zucker und Vanilleextrakt cremig rühren. Die Eier einzeln einrühren. Mehl und Backpulver darübersieben und alles zu einem glatten Teig verrühren. Den Teig in die Formen füllen, glatt streichen und im Ofen (Mitte) 35–40 Min. backen. Leicht abgekühlt aus den Formen lösen und ganz auskühlen lassen.

2 Für die Frischkäsecreme die Passionsfrüchte halbieren, das Fruchtfleisch durch ein Sieb streichen und dabei 40 ml Saft auffangen. Frischkäse und Mascarpone in einer Schüssel cremig rühren. Den Passionsfruchtsaft und den Puderzucker unterrühren. Die Sahne steif schlagen, mit einem Schneebesen vorsichtig unterheben und die Creme ca. 30 Min. kühlen.

3 Inzwischen für die Buttercreme Butter und Vanilleextrakt in einer Schüssel cremig rühren. Den Puderzucker nach und nach darübersieben und unterrühren, bis eine streichfeste Creme entsteht.

4 Die Kuchen begradigen und waagerecht halbieren. Einen Boden auf das Cake Board setzen und mit einem Drittel der Frischkäsecreme bestreichen. Mit zwei weiteren Böden wiederholen. Den letzten Boden darauflegen und die Torte rundum glatt mit Buttercreme einstreichen. Ca. 1 Std. kalt stellen.

5 Für die Deko den hellblauen Fondant weich kneten, dünn ausrollen und die Torte damit einschlagen. Je 150 g weißen Fondant dunkelblau, mittelblau und hellblau einfärben. Die drei Fondants zu ca. 50 cm langen, dünnen Streifen ausrollen und an einer Kante mit einem Pizzamesser wellenförmig zuschneiden. Die drei Streifen am unteren Tortenrand überlappend festkleben.

6 Den restlichen weißen und blauen sowie den roten und braunen Fondant mit je ½ TL CMC verkneten. Für das Segelboot aus dem braunen Fondant einen Kreis (ca. 9 cm Ø) zuschneiden. Den Kreis halbieren, die Hälften aufeinanderlegen und zusammenkleben. Dabei 2 Zahnstocher so einkleben, dass sie halb aus der Rundung herausragen. Aus dem blauen Fondant ein Segel zuschneiden und aus dem roten Fondant ein Fähnchen und Streifen formen. Beides mit Lebensmittelkleber auf das Segel kleben. Das Segel auf 2 Zahnstocher stechen und an der Oberkante des Boots befestigen. Aus dem weißen Fondant zwei Möwen formen. Dann den restlichen roten Fondant dazunehmen und einen Rettungsring mit Tau formen. Alles ca. 2 Std. trocknen lassen.

7 Die Torte auf eine Tortenplatte setzen und den Rohrzucker als Sand rundum streuen. Den Rettungsring im Sand platzieren. Das Segelboot in die Torte stecken und die Möwen auf den Rand kleben.

Candy Cake

Schwierigkeit: ●●●
Für 1 Torte (20 Stücke) | Pro Stück ca. 725 kcal, 6 g EW, 43 g F, 77 g KH
1 Std. 30 Min. Zubereitung, 2 Std. Trocknen, 55 Min. Backen, 1 Std. Kühlen

FÜR DIE DEKO:
250 g bunter Fondant (z. B. gelb, orange, rosa)
1 Rezept Royal Icing (siehe S. 18)
türkise Lebensmittelfarbe
1,4 kg fliederfarbener Fondant
bunte Zuckerstreusel
1 Eistüte | Lebensmittelkleber

FÜR DEN TEIG:
220 g Zartbitterschokolade (mind. 70 % Kakaogehalt)
220 g Butter
7 Eier (M) | 220 g Zucker
220 g Mehl | 1 Pck. Backpulver
350 g Crème fraîche

FÜR DIE KARAMELLCREME:
100 g Zucker | 250 g Sahne
250 g Mascarpone

FÜR BUTTERCREME UND FÜLLUNG:
250 g weiche Butter
1 TL Vanilleextrakt
500 g Puderzucker
3 Bananen

AUSSERDEM:
8 Cake-Pop-Stiele
2 Springformen (15 und 20 cm ∅)
Butter für die Formen
Spritzbeutel mit Lochtülle (8 mm ∅)
2 Cake Boards (15 und 20 cm ∅)
8 Holzstäbchen (20 cm lang)

1 Für die Deko den bunten Fondant weich kneten und zu acht langen, bleistiftdicken Rollen formen. Diese zu Schnecken aufrollen und je 1 Cake-Pop-Stiel hineinstechen. Aus dem Rest kleine Dragees und Bonbons formen. Alle Elemente ca. 2 Std. trocknen lassen.

2 Den Backofen auf 180° vorheizen. Die Böden der Formen mit Backpapier auslegen und die Ränder einfetten. Für den Teig die Schokolade grob hacken und mit der Butter in einer Schüssel über dem heißen Wasserbad schmelzen. Danach abkühlen lassen. Eier und Zucker hellschaumig aufschlagen. Mehl und Backpulver darübersieben und kurz untermischen. Schokobutter und Crème fraîche in zwei Portionen mit dem Teigschaber unterheben. Den Teig in die Formen füllen, glatt streichen und im Ofen (Mitte) ca. 35 Min. (15-cm-Form) und ca. 55 Min. (20-cm-Form) backen. Leicht abgekühlt und aus den Formen lösen und ganz auskühlen lassen.

3 Für die Karamellcreme 75 g Zucker mit 2 TL Wasser in einer Pfanne bei mittlerer Hitze karamellisieren lassen. 50 g Sahne zugießen und mit dem Schneebesen durchrühren. Den Karamell abkühlen lassen. Mascarpone und restlichen Zucker verrühren, den Karamell einrühren. Die restliche Sahne steif schlagen und unterheben.

4 Für die Buttercreme Butter und Vanille cremig rühren. Den Puderzucker nach und nach darübersieben und rühren, bis eine streichfeste Creme entsteht. 5 EL Creme in den Spritzbeutel füllen und beiseitelegen. Die Bananen schälen und in Scheiben schneiden. Die Kuchen begradigen und waagerecht halbieren. Die Abschnitte in einer Schüssel zerkrümeln und mit 1–2 EL Karamellcreme vermischen. Aus der Masse eine große Eiskugel formen und kalt stellen. Die beiden Kuchen mit der restlichen Karamellcreme und den Bananen füllen. Dann mit der übrigen Buttercreme rundum glatt einstreichen und ca. 1 Std. kalt stellen.

5 Für die Deko das Royal Icing türkis einfärben. Den fliederfarbenen Fondant weich kneten, ausrollen und die Torten damit einschlagen. Die Torten jeweils mit etwas Icing auf den Cake Boards fixieren. Die große Torte auf eine Tortenplatte setzen, dann beide Torten mit den Holzstäbchen zu einer zweistöckigen Torte zusammensetzen (siehe S. 18–19). Die restliche Buttercreme auf die Spalte zwischen beiden Torten sowie zwischen Torte und Tortenplatte spritzen. Mit Zuckerstreuseln bestreuen.

6 Die Eiskugel mit etwas Icing auf die Torte setzen und das restliche Icing über der Kugel und der Torte verteilen, bis die Eiskugel komplett überzogen ist und einige Icing-Nasen am Tortenrand herunterlaufen. Die Eistüte leicht schräg an der Kugel befestigen und das Icing mit Zuckerstreuseln bestreuen. Die Fondantlollys, -dragees und -bonbons mit Kleber am Rand befestigen.

FC Süßschnabel

Schwierigkeit: ●●◐

Für 1 Torte (8 Stücke) und 12 Muffins | Pro Stück ca. 760 kcal, 3 g EW, 35 g F, 107 g KH

2 Std. Zubereitung, 24 Std. Trocknen, 45 Min. Backen, 1 Std. Kühlen

FÜR DIE DEKO:
1 kg grüner Fondant
1 Rezept Royal Icing (siehe S. 16)
750 g roter Fondant
400 g weißer Fondant | blaue, grüne
   und rote Lebensmittelfarbe
100 g schwarzer Fondant
Lebensmittelkleber

FÜR DIE CUPCAKES:
125 g weiche Butter | 125 g Zucker
abgeriebene Schale von 1 Bio-Limette
2 Eier (M)
150 g Mehl | 2 TL Backpulver

FÜR DEN TEIG:
60 g Zartbitterschokolade
   (mind. 70 % Kakaogehalt)
60 g Butter
2 Eier (M) | 60 g Zucker
60 g Mehl
½ Pck. Backpulver
100 g Crème fraîche

FÜR DIE BUTTERCREME:
500 g weiche Butter
2 TL Vanilleextrakt
1 kg Puderzucker

AUSSERDEM:
Cake Drum (30 × 40 cm)
2 Spritztüten (siehe S. 39)
Kreisausstecher (2 und 5 cm ⌀)
12-er Muffinblech
12 Papierförmchen
Springform (10 cm ⌀)
Butter für die Form
Spritzbeutel mit Grastülle (10 mm ⌀)

1 Für die Deko das Cake Drum mit grünem Fondant eindecken (siehe S. 14–15). Ca. 2 EL Icing in 1 Spritztüte füllen, eine kleine Ecke abschneiden und das Spielfeld aufzeichnen. Ca. 24 Std. trocknen lassen.

2 Ca. 150 g roten Fondant weich kneten, dünn ausrollen und sechs Fussballtrikots (5 cm ⌀) ausschneiden. Namen und Nummern mit Icing auf die Trikots spritzen. Für das FC-Logo 100 g weißen Fondant weich kneten, halbieren und eine Hälfte hellblau einfärben. Beide Portionen dünn ausrollen. Aus dem blauen Fondant kleine Rauten ausschneiden und in drei Reihen auf dem weißen Fondant anordnen. Einen Kreis (5 cm ⌀) ausstechen. Den restlichen weißen und den schwarzen Fondant weich kneten und dünn ausrollen. Aus dem schwarzen Fondant kleine Fünfecke ausschneiden, auf den weißen Fondant kleben und sechs Fußbälle (2 cm ⌀) ausstechen. Alle Elemente ca. 2 Std. trocknen lassen.

3 Den Backofen auf 180° vorheizen, das Muffinblech mit Papierförmchen auslegen. Den Boden der Form mit Backpapier auslegen, den Rand einfetten. Für die Cupcakes Butter, Zucker und Limettenschale cremig rühren. Die Eier einrühren. Mehl und Backpulver unterrühren. Den Teig in die Förmchen füllen und im Ofen (Mitte) ca. 20 Min. backen. Leicht abgekühlt herauslösen.

4 Für den Teig die Schokolade hacken. Mit der Butter über dem heißen Wasserbad schmelzen, abkühlen lassen. Eier und Zucker hellschaumig aufschlagen. Mehl und Backpulver darübersieben und untermischen. Schokobutter und Crème fraîche unterheben. Den Teig in die Form füllen, glatt streichen und im Ofen (Mitte) 20–25 Min. backen. Auskühlen lassen.

5 Für die Buttercreme Butter und Vanille cremig rühren. Den Puderzucker nach und nach unterrühren, bis eine streichfeste Creme entsteht. Die Creme dritteln und je ein Drittel blau, grün und rot einfärben. Die grüne Creme in den Spritzbeutel füllen und auf die Cupcakes spritzen. Die Cupcakes mit Trikots und Bällen dekorieren. Den Kuchen zweimal waagerecht durchschneiden, mit roter und blauer Buttercreme füllen und rundum mit roter Creme einstreichen. Ca. 1 Std. kalt stellen.

6 Den restlichen roten Fondant ausrollen und den Kuchen damit einschlagen. Die Reste wieder ausrollen und einen ca. 35 cm langen Schal zuschneiden. Das Logo mit Icing auf der Torte fixieren und den Vereinsnamen aufmalen. Das restliche Icing blau färben, in 1 Spritztüte füllen und die Torte damit umranden. Die Torte auf das Spielfeld setzen, den Schal darumlegen und weiße Icing-Fransen aufspritzen. Die Cupcakes rundum verteilen.

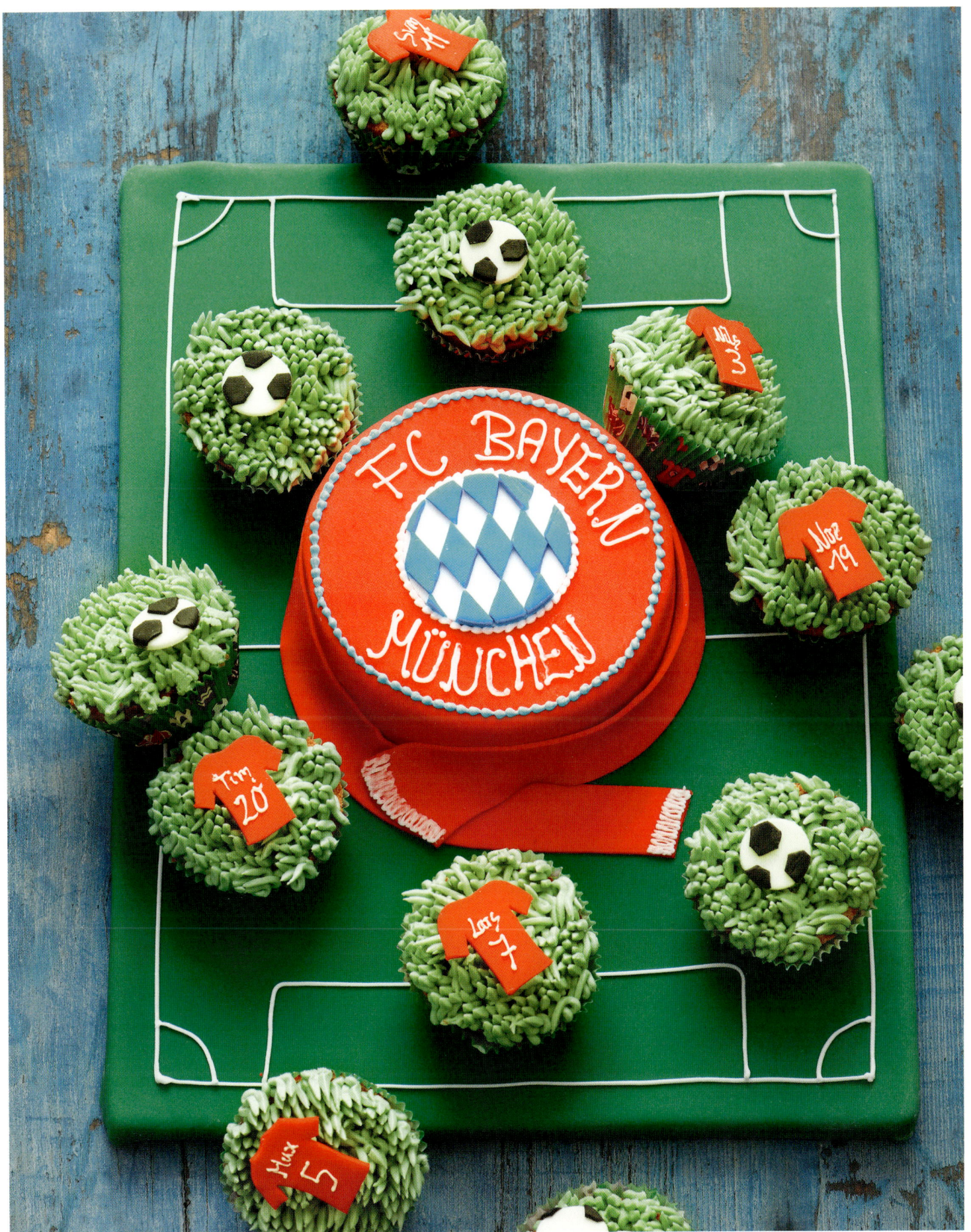

Weihnachten
am Kamin

Ho, ho, ho, das sieht echt gemütlich aus!
Jetzt fehlt nur noch ein Becher heißer
Gühwein – und schon kann Santa kommen!

Weihnachten am Kamin

Schwierigkeit: ◆◆✦
Für 1 Torte (9 Stücke) | Pro Stück ca. 845 kcal, 6 g EW, 44 g F, 107 g KH
2 Std. Zubereitung, 48 Std. Trocknen, 40 Min. Backen, 2 Std. Kühlen

FÜR DIE DEKO:
1 kg weißer Fondant
braune Lebensmittelfarbe (Gel)
30 ml Wodka
50 g roter Fondant
25 g grüner Fondant
Lebensmittelkleber
je 25 g lila, goldener und silberner
  Fondant
25 g beiger Fondant
50 g schwarzer Fondant
1 kg brauner Fondant

FÜR DEN TEIG:
1 Bio-Orange
75 g weiche Butter
1 Prise Salz | 175 g Zucker
3 Eier (M)
125 g Mehl | ½ Pck. Backpulver
150 g gemahlene Haselnüsse

FÜR DIE BUTTERCREME:
250 g weiche Butter
1 TL Vanilleextrakt
500 g Puderzucker

AUSSERDEM:
Cake Drum (20 cm Ø)
langes Lineal
Mischpalette
flacher Pinsel mit harten Borsten
Kreisausstecher (4 cm Ø)
gewellter Ausstecher (5 cm Ø)
Backform (15 × 15 cm)
Butter für die Form
Veining Tool

1 Für die Deko 900 g weißen Fondant weich kneten, ca. 1 cm dick ausrollen und das Cake Drum damit eindecken (siehe S. 14–15). Mit dem Lineal und einem Messer senkrechte Linien im Abstand von 2 cm einritzen. Dann mit kleinen Schnitten in unregelmäßigen Abständen waagerechte Linien einkerben und so ein Parkett nachbilden. Die Linien mit der flachen Messerseite etwas weiten. Lebensmittelfarbe und Wodka auf die Mischpalette geben. Den Pinsel in Wodka dippen, etwas Farbe aufnehmen und Oberseite und Ränder des Cake Drum gleichmäßig hellbraun anmalen. Den Pinsel dann direkt in die Farbe dippen und von oben nach unten an einigen Stellen dunkelbraune Linien aufzeichnen. Mit etwas Wodka und ein wenig Farbe darüberfahren, sodass eine Holzsstruktur entsteht. Ca. 48 Std. trocknen lassen.

2 Aus dem roten und grünen Fondant vier Socken formen. Für den Sockenrand aus weißem Fondant kleine Rollen drehen, flach drücken und aufkleben. Aus dem lila, goldenen und silbernen Fondant Päckchen formen und mit weißen Fondantschleifen dekorieren. Für das Gesicht des Weihnachtsmanns aus beigem Fondant einen Kreis ausstechen und eine Kugel für die Nase rollen. Aus dem roten Fondant ein Dreieck als Mütze ausschneiden. Die Spitze umschlagen und eine weiße Fondantbommel ankleben. Aus dem restlichen roten Fondant zwei kleine Handschuhe formen. Aus weißem Fondant einen Bart formen. Für die Augen aus schwarzem Fondant zwei kleine Kugeln rollen. Mütze, Nase, Augen und Bart ankleben. Alle Elemente ca. 24 Std. trocknen lassen.

3 Den Backofen auf 180° vorheizen, die Form einfetten. Für den Teig die Orange heiß abwaschen, abtrocknen, die Schale abreiben und ca. 80 ml Saft auspressen. Butter, Salz und Zucker cremig rühren. Schale und Saft zugeben und die Eier einzeln einrühren. Mehl, Backpulver und Nüsse unterheben. Den Teig in die Form füllen, glatt streichen und im Ofen (Mitte) ca. 40 Min. backen. Aus der Form lösen und ganz auskühlen lassen.

4 Für die Buttercreme Butter und Vanilleextrakt cremig rühren. Den Puderzucker nach und nach darübersieben und rühren, bis eine streichfeste Creme entsteht. Den Kuchen begradigen und von einer Seite 2 cm abschneiden. Dann waagerecht halbieren, mit der Hälfte der Buttercreme füllen und ca. 1 Std. kalt stellen. Die Torte auf eine Längsseite stellen, mit der restlichen Creme einstreichen und nochmals ca. 1 Std. kühlen.

5 Den braunen Fondant weich kneten, dünn ausrollen und den Kuchen damit einschlagen. Mit dem Veining Tool das Ziegelmuster einritzen. Aus dem schwarzen Fondant einen Halbkreis ausschneiden und mittig an den unteren Rand kleben. Den restlichen schwarzen und braunen Fondant zusammenkneten, zu ovalen Steinen formen und um den Halbkreis kleben.

6 Die Torte und die Geschenke auf das Cake Drum setzen. Die Socken ankleben. Weihnachtsmann und Handschuhe kopfüber in den Kamin kleben.

Geschenke formen: Aus dem lila, goldenen und silbernen Fondant kleine Päckchen formen und mit weißen Fondantschleifen dekorieren.

Die Mütze formen: Den roten Fondant ausrollen und ein Dreieck als Mütze ausschneiden. Die Spitze nach vorn umschlagen und eine kleine weiße Fondantbommel ankleben.

Gesicht und Bart formen: Aus dem beigen Fondant einen Kreis (4 cm ∅) ausstechen und eine kleine Kugel für die Nase rollen. Etwas weißen Fondant ausrollen und mit dem gewellten Ausstecher einen Rauschebart ausstechen. Aus dem Rest einen Schnurrbart formen.

Ziegelmuster einritzen: In die eingeschlagene Torte mit dem Veining Tool für die Ziegel zuerst waagerecht Linien ziehen. Dann versetzt senkrechte Striche in die Fondantdecke ritzen.

Kamin anbringen: Den schwarzen Fondant ausrollen und einen Halbkreis ausschneiden, Diesen mittig an den unteren Rand der Torte kleben. Den restlichen schwarzen und braunen Fondant zusammenkneten und daraus ovale Steine formen. Die Steine um den Kamin kleben

Dekorieren: Die Torte auf das Cake Drum setzen und die Geschenke rundum verteilen. Die Socken an den oberen Rand kleben. Weihnachtsmann und Handschuhe kopfüber in den Kamin kleben

Du bist mein Star

Schwierigkeit: ●●●

Für 1 Torte (12–14 Stücke) | Pro Stück ca. 985 kcal, 7 g EW, 37 g F, 156 g KH

2 Std. Zubereitung, 24 Std. Trocknen, 1 Std. 10 Min. Backen, 3 Std. Kühlen

FÜR DIE DEKO:
1,5 kg schwarzer Fondant
300 g weißer Fondant
50 g roter Fondant
Lebensmittelkleber
weiße Zuckerschrift

FÜR DEN TEIG:
1 Bio-Orange
75 g weiche Butter
1 Prise Salz
175 g Zucker
3 Eier (M)
125 g Mehl | ½ Pck. Backpulver
150 g gemahlene Haselnüsse

FÜR DEN LÖFFELBISKUIT:
3 Eier (M)
75 g Zucker
1 Pck. Vanillezucker
55 g Mehl
15 g Speisestärke
3 TL Backpulver
2 EL Puderzucker

FÜR DIE BUTTERCREME:
250 g weiche Butter
1 TL Vanilleextrakt
500 g Puderzucker

AUSSERDEM:
Sternausstecher (4 cm ∅)
10 Stücke Wickeldraht
Springform (18 cm ∅)
Butter für die Form
Spritzbeutel mit Lochtülle
  (13 mm ∅)
Cake Board (22 cm ∅)
gebogener Metallstab (40 cm lang,
  aus dem Baumarkt)
Klebeband
Popcornschachtel (z. B. von
  Party Princess)
200 g Popcorn

1 Für die Deko je 50 g schwarzen, weißen und roten Fondant ausrollen, zehn Sterne ausstechen und auf Drahtstücke unterschiedlicher Länge stecken. Aus dem schwarzen Fondant ein 2 cm dickes Rechteck (10 × 7 cm) formen. Alle Elemente ca. 24 Std. trocknen lassen.

2 Den Backofen auf 180° vorheizen. Den Boden der Form mit Backpapier auslegen und den Rand einfetten. Für den Teig die Orange heiß abwaschen und abtrocknen. Die Schale abreiben und ca. 80 ml Saft auspressen. Butter, Salz und Zucker cremig rühren. Orangenschale und -saft zugeben und die Eier einzeln unterrühren. Mehl, Backpulver und Nüsse unterheben. Den Teig in die Form füllen, glatt streichen und im Ofen (Mitte) 50–55 Min. backen. Leicht abgekühlt aus der Form lösen und ganz auskühlen lassen.

3 Für den Biskuit zwei Backbleche mit Backpapier belegen. Die Eier trennen. Die Eiweiße steif schlagen, dabei Zucker und Vanillezucker einrieseln lassen. Die Eigelbe kurz unterrühren. Mehl, Stärke und Backpulver darübersieben und unterheben. Den Teig in den Spritzbeutel füllen und spiralförmig zwei Kreise (22 cm ∅) auf die Bleche spritzen. Mit Puderzucker bestäuben und im Ofen (Mitte) ca. 15 Min. zartbraun backen.

4 Für die Buttercreme Butter und Vanilleextrakt cremig rühren. Den Puderzucker nach und nach darübersieben und rühren, bis eine streichfeste Creme entsteht. 4 EL davon beiseitestellen. Den restlichen weißen Fondant ausrollen und zwölf Rechtecke (3 × 4 cm) zuschneiden. Den Kuchen begradigen, waagerecht halbieren und mit Buttercreme füllen. Danach rundum mit Buttercreme einstreichen und ca. 1 Std. kalt stellen.

5 Den restlichen schwarzen Fondant dünn ausrollen. Ein ca. 75 cm langes Band in Kuchenhöhe zuschneiden und um den Kuchen legen. Die weißen Rechtecke rundum aufkleben. Die Biskuitschnecken oben und unten dünn mit Buttercreme einstreichen und mit schwarzem Fondant einschlagen. Einen Biskuitboden auf das Cake Board legen, 2 EL Buttercreme in der Mitte verstreichen und den Kuchen daraufsetzen. Die restliche Buttercreme auf der Oberfläche verstreichen und den zweiten Biskuitboden auflegen. Die Torte ca. 2 Std. kalt stellen.

6 Den Metallstab mit Klebeband in der Popcornschachtel befestigen und die Schachtel mit Popcorn füllen. In den Kuchen stechen und den Stab mit Popcorn bekleben. Das schwarze Rechteck mit Zuckerschrift beschriften. Sterne und Filmklappe auf der Torte platzieren.

Für stahlharte Helden

Schwierigkeit: ●●○
Für 1 Torte (12 Stücke) | Pro Stück ca. 980 kcal, 7 g EW, 41 g F, 146 g KH
1 Std. 30 Min. Zubereitung, 2 Std. Trocknen, 50 Min. Backen, 1 Std. Kühlen

FÜR DIE DEKO:
250 g gelber Fondant
400 g roter Fondant
200 g weißer Fondant
700 g blauer Fondant
200 g Schokolinsen (z. B. M&Ms)
Lebensmittelkleber

FÜR DEN TEIG:
200 g weiche Butter
1 Prise Salz | 200 g Zucker
1 TL Vanilleextrakt
4 Eier (M)
200 g Mehl
½ Pck. Backpulver

FÜR DIE HIMBEER-BUTTERCREME:
40 g Himbeeren
60 g weiche Butter
½ TL Vanilleextrakt
225 g Puderzucker

FÜR DIE GANACHE:
200 g Zartbitterschokolade
(mind. 70 % Kakaogehalt)
200 g Sahne

AUSSERDEM:
5 Stücke Wickeldraht (20 cm lang)
Sternausstecher (3 cm ∅)
Springform (20 cm ∅)
Butter für die Form

1 Für die Deko 50 g gelben Fondant weich kneten, zu einer Fünf formen und auf einen Draht stechen. Den restlichen gelben Fondant dünn ausrollen und einen Streifen (60 × 4 cm) zuschneiden. Aus dem übrigen Fondant verschieden große Sterne ausstechen und die Hälfte auf Drahtstücke stechen. 200 g roten Fondant ausrollen und zwei Streifen (30 × 5 cm) zuschneiden. Sterne und Ziffer ca. 2 Std. trocknen lassen, die Streifen in Frischhaltefolie wickeln.

2 Den Backofen auf 180° vorheizen. Den Boden der Form mit Backpapier auslegen und den Rand einfetten. Für den Teig Butter, Salz, Zucker und Vanilleextrakt cremig rühren. Die Eier einzeln einrühren. Mehl und Backpulver darübersieben und alles zu einem glatten Teig verrühren. Den Teig in die Form füllen, glatt streichen und im Ofen (Mitte) 45–50 Min. backen. Leicht abgekühlt aus der Form lösen und ganz auskühlen lassen.

3 Für die Buttercreme die Himbeeren verlesen, waschen und trocken tupfen. Himbeeren, Butter und Vanilleextrakt in einer Schüssel mit den Quirlen des Handrührgeräts ca. 5 Min. cremig rühren. Den Puderzucker nach und nach darübersieben und rühren, bis eine streichfeste Creme entsteht.

4 Für die Ganache die Schokolade klein hacken und in eine Schüssel geben. Die Sahne in einem kleinen Topf erhitzen und über die Schokolade gießen. Alles ca. 3 Min. schmelzen lassen, dann mit dem Schneebesen zu einer glatten Masse verrühren. Die Ganache ca. 30 Min. bei Zimmertemperatur abkühlen lassen.

5 Den Kuchen waagerecht halbieren und mit der Buttercreme füllen. Danach rundum mit der Ganache einstreichen und ca. 1 Std. kalt stellen.

6 Den weißen und restlichen roten Fondant weich kneten, dünn ausrollen und je einen Kreis (10 cm ∅) ausschneiden. Aus Frischhaltefolie einen Kreis (10 cm ∅) ausschneiden und auf die Torte legen. Erst den weißen, dann den roten Kreis darauflegen. Den blauen Fondant weich kneten, ausrollen und die Torte damit einschlagen. Darunter zeichnen sich die Fondantkreise jetzt ab. Die Kreise mit einem scharfen Messer viermal diagonal durchschneiden, sodass sechs gleich große Dreiecke entstehen. Diese nun einzeln von der Mitte nach außen aufklappen. Die Folie entfernen und die entstandene Öffnung mit Schokolinsen füllen.

7 Die roten Streifen über Kreuz aufkleben und dabei das Explosionsloch frei lassen. Den gelben Fondantstreifen mit Kleber um den unteren Tortenrand befestigen. Fondantziffer und -sterne in die Torte stecken. Die restlichen Sterne auf die Torte kleben.

Simsalabim

Schwierigkeit: ●●◆

Für 1 Torte (20 Stücke) | Pro Stück ca. 650 kcal, 4 g EW, 27 g F, 98 g KH

3 Std. Zubereitung, 24 Std. Trocknen, 1 Std. 5 Min. Backen, 30 Min. Kühlen

FÜR ZAUBERER UND DEKO:
25 g beiger Fondant
100 g schwarzer Fondant
Lebensmittelkleber
300 g roter Fondant
schwarzer Lebensmittelstift
4 goldene Zuckerperlen
25 g weißer Fondant
700 g hellblauer Fondant
50 g gelber Fondant
1 Rezept Royal Icing (siehe S. 18)
Goldpuder

FÜR DEN TEIG:
125 g Zartbitterschokolade
  (mind. 70 % Kakaogehalt)
125 g Butter
4 Eier (M) | 125 g Zucker
125 g Mehl | ½ Pck. Backpulver
200 g Crème fraîche

FÜR DEN LÖFFELBISKUIT:
2 Eier (M)
55 g Zucker | 3 TL Vanillezucker
35 g Mehl | 10 g Speisestärke
rote Lebensmittelfarbe (Pulver)
2 TL Backpulver | 1 EL Puderzucker

FÜR DIE BUTTERCREME:
250 g weiche Butter
1 TL Vanilleextrakt
500 g Puderzucker

AUSSERDEM:
Zahnstocher | Springform (20 cm Ø)
Butter für die Form
Spritzbeutel mit Lochtülle
  (10 mm Ø)
Kreisausstecher (2 cm Ø)
Spritztüte (siehe S. 39)

1 Für den Zauberer aus beigem Fondant zwei Kugeln (3 cm Ø) für den Kopf und den Oberkörper formen. Aus schwarzem Fondant Beine, Füße, Zylinder und Zauberstab formen. Beine, Oberkörper und Kopf auf den Zahnstocher stecken und den Zylinder auf den Kopf kleben. Aus rotem Fondant Umhang und zwei Arme formen, aufkleben. Den Zauberstab am Arm befestigen. Das Gesicht aufzeichnen und die Zuckerperlen als Knöpfe ankleben. Aus dem restlichen schwarzen Fondant einen Hut formen. Aus weißem Fondant einen Kaninchenkopf kneten, ein Gesicht aufmalen und das Kaninchen in den Hut kleben. Alle Elemente ca. 24 Std. trocknen lassen.

2 Den Backofen auf 180° vorheizen. Den Boden der Form mit Backpapier auslegen, den Rand einfetten. Für den Teig die Schokolade hacken und mit der Butter über dem heißen Wasserbad schmelzen, abkühlen lassen. Eier und Zucker hellschaumig aufschlagen. Mehl und Backpulver darübersieben und untermischen. Schokobutter und Crème fraîche in Portionen unterheben. Den Teig in die Form füllen, glatt streichen und im Ofen (Mitte) 50–55 Min. backen. Herauslösen und auskühlen lassen.

3 Für den Biskuit ein Backblech mit Backpapier belegen. Die Eier trennen. Die Eiweiße steif schlagen, dabei Zucker und Vanillezucker einrieseln lassen. Die Eigelbe

kurz unterrühren. Mehl, Stärke, Farbe und Backpulver darübersieben und unterheben. Den Teig in den Spritzbeutel füllen und spiralförmig sechs Kreise (5 cm Ø) auf das Blech spritzen. Mit Puderzucker bestäuben und im Ofen (Mitte) ca. 10 Min. zartbraun backen.

4 Für die Buttercreme Butter und Vanilleextrakt cremig rühren. Den Puderzucker nach und nach darübersieben und rühren, bis eine streichfeste Creme entsteht. Den Kuchen begradigen, waagerecht halbieren und mit der Hälfte der Buttercreme füllen. Danach rundum mit der restlichen Creme einstreichen und ca. 1 Std. kalt stellen.

5 Für die Deko den blauen Fondant ausrollen und die Torte damit einschlagen. Den restlichen roten Fondant ausrollen, 15 Dreiecke (4 cm breit) in Tortenhöhe zuschneiden und um den Tortenrand kleben. Den gelben Fondant ausrollen, 15 Kreise ausstechen und auf die Dreiecke kleben. Aus dem restlichen gelben Fondant kleine Kugeln formen und um den unteren Rand kleben.

6 Das Icing in die Spritztüte füllen, ein Loch einschneiden und je drei Biskuitschnecken zusammenkleben. Die Türmchen auf die Torte setzen und Zauberer und Hut mit Icing darauf fixieren. Mit Goldpuder bestäuben.

I  NY

Schwierigkeit: ●●●

Für 1 Torte (18 Stücke) | Pro Stück ca. 965 kcal, 7 g EW, 48 g F, 126 g KH
2 Std. Zubereitung, 24 Std. Trocknen, 55 Min. Backen, 2 Std. Kühlen

FÜR DIE DEKO:
1,5 kg schwarzer Fondant
100 g roter Fondant
1,3 kg weißer Fondant
Lebensmittelkleber

FÜR DEN TEIG:
250 g Zartbitterschokolade
  (mind. 70 % Kakaogehalt)
250 g Butter
8 Eier (M)

250 g Zucker
250 g Mehl
1 Pck. Backpulver
400 g Crème fraîche

FÜR BUTTERCREME UND FÜLLUNG:
250 g weiche Butter
1 TL Vanilleextrakt
500 g Puderzucker
200 g Schokoladenherzen (z. B.
  von Milka)

AUSSERDEM:
Cake Drum (30 × 30 cm)
schwarzes Stoffband
Buchstabenausstecher (6 cm)
NY-Schablone (siehe Tipp)
Präzisionsmesser
Herzausstecher (7 cm ∅)
Ausstecher (10 × 10 cm)
2 Backformen (20 × 20 cm)
Butter für die Formen

1 Für die Deko das Cake Drum mit 1 kg schwarzem Fondant eindecken (siehe S. 14–15) und das Stoffband um den Rand legen. Den restlichen schwarzen Fondant dünn ausrollen und die Buchstaben »I NY« ausstechen. Für die Skyline die Schablone ausdrucken und ausschneiden. Auf den restlichen ausgerollten Fondant legen und mit dem Präzisionsmesser die Skyline ausschneiden.

2 Den roten Fondant weich kneten und in den Herzausstecher drücken, bis dieser vollständig gefüllt ist. Das Fondantherz herausdrücken, mit dem Finger über die Kanten streichen und so einen weichen, runden Abschluss formen. Alle Fondantelemente ca. 24 Std. trocknen lassen.

3 Den Backofen auf 180° vorheizen. Die Böden der Formen mit Backpapier auslegen und die Ränder einfetten. Für den Teig die Schokolade grob hacken und mit der Butter in einer Schüssel über dem heißen Wasserbad schmelzen. Danach abkühlen lassen. Eier und Zucker mit den Quirlen des Handrührgeräts hellschaumig aufschlagen. Mehl und Backpulver darübersieben und mit wenigen Umdrehungen des Rührgeräts untermischen. Schokobutter und Crème fraîche in zwei Portionen mit dem Teigschaber unterheben. Den Teig in die Formen füllen, glatt streichen und im Ofen (Mitte) 50–55 Min. backen. Herausnehmen, leicht abgekühlt aus den Formen lösen und ganz auskühlen lassen.

4 Für die Buttercreme Butter und Vanilleextrakt cremig rühren. Den Puderzucker nach und nach darübersieben und unterrühren, bis eine streichfeste Creme entsteht.

5 Die Kuchen begradigen und waagerecht halbieren. Aus zwei Böden mittig ein Quadrat (10 × 10 cm) ausstechen. Einen ganzen Boden auf das Cake Drum setzen und den Rand 5 cm breit mit Buttercreme bestreichen. Einen ausgeschnittenen Boden daraufsetzen und den Rand ebenfalls mit Creme bestreichen. Den zweiten ausgeschnittenen Boden auflegen und leicht andrücken. Den Hohlraum mit Schokoladenherzen füllen. Den Rand wieder mit Buttercreme bestreichen und den letzten ganzen Boden auflegen. Die Torte rundum mit der restlichen Buttercreme einstreichen.

6 Den weißen Fondant dünn ausrollen und die Torte damit einschlagen. Dabei zuerst zwei gegenüberliegende Seiten glätten, dann die verbleibenden Seiten glatt streichen. Die Skyline mit Kleber am unteren Rand befestigen, Buchstaben und Herz auf die Torte kleben.

Tipp

Eine Schablone zum Ausdrucken gibt es zum Download unter http://www.gu.de/diy/55603. Wem das Arbeiten mit einem Präzisionsmesser zu aufwendig ist, der kann auch Moulds verwenden. Tolle Skyline-Motive gibt es z. B. bei der MouldManufaktur (siehe S. 163).

BBQ-Party

Schwierigkeit: ●●●
Für 1 Torte (12 Stücke) | Pro Stück ca. 870 kcal, 4 g EW, 37 g F, 130 g KH
1 Std. 30 Min. Zubereitung, 50 Min. Backen, 1 Std. Kühlen, 4 Std. Trocknen

FÜR DIE DEKO:
1,3 kg weißer Fondant | 3 TL CMC
100 g Marshmallows
50 g Schokoladendrops
15 g ungesüßte Cornflakes
gelbe Lebensmittelfarbe
Lebensmittelkleber

FÜR DEN TEIG:
200 g weiche Butter
1 Prise Salz

200 g Zucker
1 TL Vanilleextrakt
4 Eier (M)
200 g Mehl
½ Pck. Backpulver

FÜR BUTTERCREME UND FÜLLUNG:
1 Bio-Limette
250 g weiche Butter
500 g Puderzucker
150 g Heidelbeeren

AUSSERDEM:
Lochtülle (10 mm ∅)
Springform (20 cm ∅)
Butter für die Form
Airbrush-Gerät
rote, schwarze, silberne und braune
 Airbrush-Farbe

1 Für die Deko 500 g Fondant weich kneten und mit CMC verkneten. Für den Grillrost zehn dünne Rollen (20 cm lang) und für den Rand des Rosts einen dünnen Kreis (20 cm ∅) formen. Drei Grillwürste formen. Für die Burgerpattys Marshmallows und Schokodrops in der Mikrowelle bei 750 Watt ca. 30 Sek. schmelzen. Die Cornflakes unterrühren und aus der Masse drei kleine Pattys formen. Für den Käse 25 g Fondant gelb einfärben, dünn ausrollen und Quadrate (6 × 6 cm) zuschneiden. Daraus mit der Lochtülle Löcher ausstechen.

2 Den Backofen auf 180° vorheizen. Den Boden der Form mit Backpapier auslegen und den Rand einfetten. Für den Teig Butter, Salz, Zucker und Vanilleextrakt cremig rühren. Die Eier einzeln einrühren. Mehl und Backpulver darübersieben und alles zu einem glatten Teig verrühren. Den Teig in die Form füllen, glatt streichen und im Ofen (Mitte) 45–50 Min. backen. Leicht abgekühlt aus der Form lösen und ganz auskühlen lassen.

3 Für die Buttercreme die Limette heiß abwaschen und abtrocknen. Die Schale abreiben und die halbe Frucht auspressen. Butter, Limettenschale und -saft cremig rühren. Den Puderzucker nach und nach darübersieben und unterrühren, bis eine streichfeste Creme entsteht. Die Heidelbeeren verlesen, waschen und trocken tupfen.

4 Den Kuchen begradigen und waagerecht halbieren. Die Hälfte der Buttercreme auf dem unteren Boden verstreichen und die Beeren darauf verteilen. Den oberen Boden auflegen und die Torte mit der restlichen Creme rundum glatt einstreichen. Ca. 1 Std. kalt stellen.

5 Danach den restlichen Fondant weich kneten und die Torte damit einschlagen. Den Rand der Torte mit dem Airbrush-Gerät rot besprühen.

6 Die Farbe wechseln und die Oberfläche schwarz und die Teile des Grillrosts silbern besprühen. Die Grillwürste braun ansprühen und antrocknen lassen, danach dünne schwarze Grillstreifen auf die Würstchen und die Burger sprühen. Ebenfalls trocknen lassen. Den Grillrostrahmen auf die Torte kleben, die Grillsprossen auflegen und nach Bedarf kürzen. Die Grillwürste und Burgerpattys auf dem Grill verteilen. Die Pattys mit Käse belegen.

Piratentorte

Schwierigkeit: ●●●

Für 1 Torte (12 Stücke) | Pro Stück ca. 1085 kcal, 7 g EW, 46 g F, 162 g KH
1 Std. Zubereitung, 25 Std. Trocknen, 50 Min. Backen, 2 Std. Kühlen

FÜR DIE DEKO:
800 g weißer Fondant
700 g beiger Fondant
300 g roter Fondant
100 g schwarzer Fondant
Lebensmittelkleber

FÜR DEN TEIG:
200 g weiche Butter
1 Prise Salz | 200 g Zucker
1 TL Vanilleextrakt
4 Eier (M)
200 g Mehl | ½ Pck. Backpulver

FÜR DIE BEERENMOUSSE:
8 Blatt weiße Gelatine
300 g gemischte Beeren
100 g Zucker
150 g Joghurt (3,5 % Fett)
3 EL Cassislikör (nach Belieben)
250 g kalte Sahne

FÜR DIE BUTTERCREME:
250 g weiche Butter
1 TL Vanilleextrakt
500 g Puderzucker

AUSSERDEM:
Cake Drum (25 cm ∅)
Springform (20 cm ∅)
Butter für die Form
Cake Board (20 cm ∅)
Kreisausstecher (1 , 2, 3 und 5 cm ∅)
Fondantglätter

1 Für die Deko das Cake Drum mit 700 g weißem Fondant eindecken (siehe S. 14–15) und ca. 24 Std. trocknen lassen.

2 Den Backofen auf 180° vorheizen. Den Boden der Form mit Backpapier auslegen und den Rand einfetten. Für den Teig Butter, Salz, Zucker und Vanilleextrakt cremig rühren. Die Eier einzeln einrühren. Mehl und Backpulver darübersieben und alles zu einem glatten Teig verrühren. Den Teig in die Form füllen, glatt streichen und im Ofen (Mitte) 45–50 Min. backen. Leicht abgekühlt aus der Form lösen und ganz auskühlen lassen.

3 Für die Beerenmousse die Quirle des Handrührgeräts ca. 15 Min. tiefkühlen. Inzwischen die Gelatine in kaltem Wasser einweichen. Die Beeren waschen, trocken tupfen und putzen. Dann pürieren und das Püree durch ein feines Sieb streichen. Beerenpüree und Zucker in einem Topf unter Rühren erhitzen, bis sich der Zucker aufgelöst hat. Vom Herd nehmen und die ausgedrückte Gelatine unterrühren. In eine Schüssel füllen und in ca. 15 Min. abkühlen lassen. Den Joghurt nach Belieben mit dem Likör verrühren. Die Sahne mit den gekühlten Quirlen steif schlagen. Joghurt und Schlagsahne vorsichtig unter das Beerenpüree heben. Die Mousse bei Bedarf ca. 1 Std. kalt stellen, bis sie fest zu werden beginnt.

4 Für die Buttercreme Butter und Vanilleextrakt cremig rühren. Den Puderzucker nach und nach darübersieben und rühren, bis eine streichfeste Creme entsteht. Den Kuchen waagerecht halbieren, auf das Cake Board setzen und mit der Mousse füllen. Danach rundum mit Buttercreme einstreichen und ca. 1 Std. kalt stellen.

5 Den beigen Fondant weich kneten, dünn ausrollen und die Torte damit einschlagen. Aus dem Rest einen Kreis (2 cm ∅) für die Nase ausstechen. Den roten Fondant ausrollen und eine Seite gerade abschneiden. Mit der geraden Seite auf die Torte legen und den Rest über den Rand hängen lassen. Den Fondant mit dem Fondantglätter auf der Tortenoberfläche und am Rand glatt streichen. Den überstehenden Fondant abtrennen und daraus einen Knoten für das Kopftuch formen.

6 Den restlichen weißen Fondant weich kneten, ausrollen und sechs Kreise (3 cm ∅) ausstechen. Die Kreise mit Kleber auf dem Kopftuch anbringen. Für das Gesicht den schwarzen Fondant ausrollen und einen Kreis (1 cm ∅) für das Auge und einen (5 cm ∅) für die Augenklappe ausstechen. Aus dem Rest Bart, Mund und eine dünne Schnur für die Augenklappe formen. Die Torte auf das Cake Drum setzen. Gesicht und Knoten daraufkleben und ca. 1 Std. trocknen lassen.

Baby-
Reveal-Cake

Junge oder Mädchen, Max oder Maxi? Die Buttercreme verrät es Ihren Gästen! Eine klasse Idee für die nächste Babyparty.

Baby-Reveal-Cake

Schwierigkeit: ●●○

Für 1 Torte (20 Stücke) | Pro Stück ca. 755 kcal, 3 g EW, 33 g F, 111 g KH
2 Std. Zubereitung, 24 Std. Trocknen, 50 Min. Backen, 1 Std. Kühlen

FÜR DIE DEKO:
2 kg weißer Fondant
je 50 g hellblau und rosa Fondant
½ TL CMC
2 Zuckerherzen
Lebensmittelkleber
1 Prise Kakaopulver
schwarzer Lebensmittelstift
blaue oder rosa Lebensmittelfarbe
  (Gel oder Puder)
1 Rezept Royal Icing (siehe S. 18)

FÜR DEN TEIG:
300 g weiche Butter
1 Prise Salz | 300 g Zucker
2 TL Vanilleextrakt
6 Eier (M)
300 g Mehl
¾ Pck. Backpulver

FÜR DIE BUTTERCREME:
500 g weiche Butter
2 TL Vanilleextrakt
1 kg Puderzucker

AUSSERDEM:
Cake Drum (30 × 40 cm)
langes Lineal
Weinkorken
Zahnstocher
Backform (20 × 30 cm)
Butter für die Form
Kreisausstecher (12 cm ∅)
2 Spritztüten

1 Für die Deko 1 kg weißen Fondant weich kneten, dünn ausrollen und ein Rechteck (35 × 45 cm) zuschneiden. Mit dem Lineal und dem Rücken eines Messers ein Rautenmuster aufzeichnen. Die Fondantdecke auf das Cake Drum legen und die Ränder locker wellig wie eine Babydecke formen. Ca. 24 Std. trocknen lassen.

2 Hellblauen und rosa Fondant weich kneten und je ¼ TL CMC unterkneten. Dann dünn ausrollen und für die Babyfiguren zwei Rechtecke (7 × 8 cm) zuschneiden. Die Rechtecke mit einer kurzen Seite nach unten legen und die untere rechte Ecke 3 cm nach oben links klappen. Den Fondant so drehen, dass die Faltkante gerade nach vorne zeigt und die rechte und linke Seite einschlagen. Mit dem Zeigefinger einen kleinen Hohlraum formen und einen halbierten Weinkorken hineinschieben. Aus dem restlichen Fondant zwei Schnuller formen.

3 Mit dem Zahnstocher Löcher ins Fondant drücken und so eine Nahtlinie gestalten. Je 1 Zuckerherz an die Babydecken kleben. Für die Gesichter 25 g weißen Fondant mit dem Kakao verkneten, zwei Kugeln (1,5 cm ∅) formen und etwas flach drücken. Je eine kleine Fondantkugel als Nase aufkleben und die Augen aufzeichnen. Die Schnuller aufkleben und die Babyköpfe in den Decken festkleben. Die Figuren ca. 2 Std. trocknen lassen.

4 Den Backofen auf 180° vorheizen und die Form einfetten. Für den Teig Butter, Salz, Zucker und Vanilleextrakt cremig rühren. Die Eier einzeln einrühren. Mehl und Backpulver darübersieben und alles zu einem glatten Teig verrühren. Den Teig in die Form füllen, glatt streichen und im Ofen (Mitte) ca. 50 Min. backen. Leicht abgekühlt aus der Form lösen und ganz auskühlen lassen.

5 Für die Buttercreme Butter und Vanille cremig rühren. Den Puderzucker nach und nach darübersieben und rühren, bis eine streichfeste Creme entsteht. Ein Drittel der Creme beiseitestellen, den Rest mit blauer oder rosa Lebensmittelfarbe einfärben. Den Kuchen waagerecht halbieren, mit der farbigen Creme füllen und auf das Cake Board setzen. Danach mit dem Ausstecher rechts und links der 20-cm–Seite zwei Viertelkreise für die Beine ausstechen. Diese mit der Rundung nach oben als Ärmel an der gegenüberliegenden Seite mit Buttercreme ansetzen. Für den Hals am oberen Rand einen Ausschnitt machen. Die Form der Torte mit einem Sägemesser nach Belieben korrigieren. Dann die Torte rundum dünn mit Buttercreme einstreichen und ca. 1 Std. kalt stellen.

6 Den restlichen weißen Fondant weich kneten, dünn ausrollen und die Torte damit einschlagen. Das Royal Icing halbieren und eine Hälfte rosa, die andere hellblau einfärben. In die Spritztüten füllen und eine kleine Ecke abschneiden. Die Bündchen des Stramplers mit dem Icing rechts rosa und links hellblau verzieren. In die Mitte des Stramplers eine großes Fragezeichen in rosa und hellblau zeichnen. Auf das Cake Drum rosa und blaue Knöpfe aufspritzen. Die beiden Babyfiguren mit Icing auf dem Strampler befestigen.

Das Cake Drum eindecken: **Auf den ausgerollten weißen Fondant mit dem Lineal und dem Rücken eines Messers ein Rautenmuster zeichnen.**

Wellenrand formen: **Die Fondantdecke auf das Cake Drum legen und die Ränder locker wellig wie eine Babydecke formen.**

Babyfiguren formen: **Aus dem ausgerollten blauen und rosa Fondant je ein Rechteck (7 × 8 cm) schneiden. Die Rechtecke mit einer kurzen Seite nach unten legen und anschließend die untere rechte Ecke 3 cm nach oben links klappen.**

Babydecken falten: **Die Fondantrechtecke so drehen, dass die Faltkante gerade nach vorne zeigt. Jetzt die rechte und linke Seite einschlagen und mit dem Zeigefinger einen kleinen Hohlraum formen.**

Nahtlinie gestalten: **Mit dem Zahnstocher kleine Löcher ins Fondant drücken und so eine Nahtlinie nachbilden. Je 1 Zuckerherz an die Babydecken kleben.**

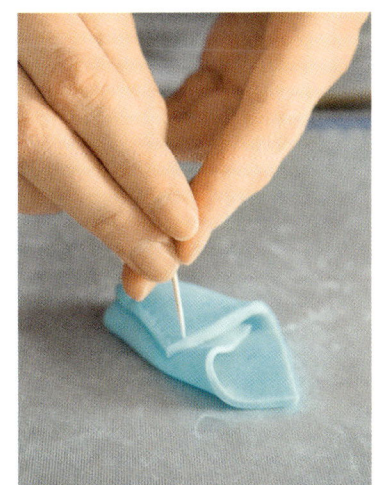

Gesichter aufmalen: **Aus dem Kakao-Fondant zwei Kugeln (1,5 cm Ø) formen und etwas flach drücken. Je eine kleine Fondantkugel als Nase aufkleben und die Augen mit dem Lebensmittelstift aufzeichnen.**

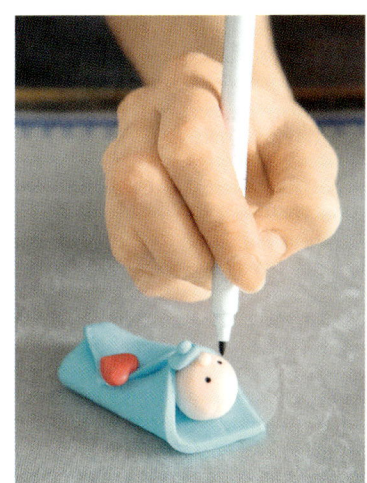

Will you ...?

Schwierigkeit: ●●●

Für 1 Torte (24 Stücke) | Pro Stück ca. 820 kcal, 5 g EW, 35 g F, 120 g KH
1 Std. 30 Min. Zubereitung, 2 Std. Trocknen, 50 Min. Backen, 2 Std. Kühlen

FÜR DIE DEKO:
1,8 kg weißer Fondant
Lebensmittelkleber
pinke Lebensmittelfarbe
1 Rezept Royal Icing (siehe S. 18)

FÜR DIE FRISCHKÄSECREME:
4 Passionsfrüchte
150 g Frischkäse
150 g Mascarpone
100 g Puderzucker
200 g kalte Sahne

FÜR DEN TEIG:
400 g weiche Butter
1 Prise Salz | 400 g Zucker
2 TL Vanilleextrakt
8 Eier (M)
400 g Mehl
1 Pck. Backpulver

FÜR DIE BUTTERCREME:
250 g weiche Butter
1 TL Vanilleextrakt
500 g Puderzucker

AUSSERDEM:
Herzausstecher (3 cm ⌀)
2 Springformen (20 cm ⌀)
Butter für die Formen
Spritztüte (siehe S. 39)
Bindfaden (25 cm lang)
2 Holzstäbchen (15 cm lang)

1 Für die Deko 50 g weißen Fondant sehr dünn ausrollen und drei Herzen ausstechen. In jedes Herz rechts und links ein Loch stechen und die Herzen ca. 2 Std. trocknen lassen.

2 Für die Frischkäsecreme die Passionsfrüchte halbieren, das Fruchtfleisch durch ein Sieb streichen und dabei 40 ml Saft auffangen. Frischkäse und Mascarpone cremig rühren. Passionsfruchtsaft und Puderzucker unterrühren. In einer zweiten Schüssel die Sahne steif schlagen. Mit einem Schneebesen vorsichtig unterheben und die Creme ca. 30 Min. kühlen.

3 Den Backofen auf 180° vorheizen. Die Böden der Springformen mit Backpapier auslegen und die Ränder einfetten. Für den Teig Butter, Salz, Zucker und Vanilleextrakt cremig rühren. Die Eier einzeln einrühren. Mehl und Backpulver darübersieben und alles zu einem glatten Teig verrühren. Den Teig in die Formen füllen, glatt streichen und im Ofen (Mitte) 45–50 Min. backen. Die Kuchen leicht abgekühlt aus den Formen lösen und ganz auskühlen lassen.

4 Für die Buttercreme Butter und Vanilleextrakt in einer Schüssel cremig rühren. Den Puderzucker nach und nach darübersieben und unterrühren, bis eine streichfeste Creme entsteht. Die Kuchen begradigen und waagerecht halbieren. Drei Böden mit je einem Drittel der Frischkäsecreme bestreichen und aufeinanderstapeln. Den letzten Boden auflegen. Die Torte rundum glatt mit Buttercreme einstreichen und ca. 2 Std. kalt stellen

5 Danach 1 kg Fondant dünn ausrollen und die Torte damit einschlagen. Zwei dünne Schnüre ausrollen, miteinander verdrehen und die Kordel mit Kleber am unteren Tortenrand befestigen. Den restlichen Fondant in vier Portionen teilen und mit Lebensmittelfarbe in vier Rosatönen einfärben. Jede Portion dünn ausrollen und ca. 20 Herzen ausstechen. Die Herzen in Reihen auf den Tortenrand kleben. Dabei von oben nach unten arbeiten und die Herzen möglichst gleichmäßig verteilen.

6 Das Royal Icing pink einfärben, in die Spritztüte füllen und eine sehr feine Ecke abschneiden. Die weißen Fondantherzen damit beschriften und auf den Bindfaden fädeln. Den Faden an die beiden Holzstäbchen binden und die Herzkette oben in die Torte stechen.

Movember

Schwierigkeit: ●●○

Für 1 Torte (32 Stücke) | Pro Stück ca. 765 kcal, 4 g EW, 37 g F, 104 g KH

2 Std. Zubereitung, 2 Std. Trocknen, 55 Min. Backen, 1 Std. Kühlen

FÜR DIE DEKO:
1 kg schwarzer Fondant
3 TL CMC
700 g weißer Fondant
700 g hellblauer Fondant
Lebensmittelkleber

FÜR DEN TEIG:
315 g Zartbitterschokolade
  (mind. 70 % Kakaogehalt)
315 g Butter

10 Eier
315 g Zucker
315 g Mehl
1 ¼ Pck. Backpulver
500 g Crème fraîche

FÜR DIE BUTTERCREME:
1 Bio-Limette
500 g weiche Butter
1 kg Puderzucker

AUSSERDEM:
3 Springformen (10, 18 und
  20 cm ⌀)
Butter für die Formen
Spritzbeutel mit Lochtülle
  (10 mm ⌀)
2 Cake Boards (18 und 20 cm ⌀)
8 Holzstäbchen (20 cm lang)
Zahnstocher

1 Für die Deko 400 g schwarzen Fondant weich kneten und mit CMC mischen. Aus dem Fondant einen Bart, eine Fliege und ein Monokel formen. Die Elemente mindestens 2 Std. trocknen lassen.

2 Den Backofen auf 180° vorheizen. Die Böden der Formen mit Backpapier auslegen und die Ränder einfetten. Für den Teig die Schokolade grob hacken und mit der Butter in einer Schüssel über dem heißen Wasserbad schmelzen. Danach abkühlen lassen. Eier und Zucker hellschaumig aufschlagen. Mehl und Backpulver darübersieben und kurz untermischen. Schokobutter und Crème fraîche in zwei Portionen mit dem Teigschaber unterheben. Den Teig in die Formen füllen, glatt streichen und im Ofen (Mitte) ca. 25 Min. (10-cm-Form), ca. 50 Min. (18-cm-Form) und ca. 55 Min. (20-cm-Form) backen. Herausnehmen, leicht abgekühlt aus den Formen lösen und ganz auskühlen lassen.

3 Für die Buttercreme die Limette heiß abwaschen, abtrocknen und die Schale abreiben. Butter und Limettenschale cremig rühren. Den Puderzucker nach und nach darübersieben und unterrühren, bis eine streichfeste Creme entsteht. 4 EL Buttercreme in den Spritzbeutel füllen und beiseitelegen. Die beiden großen Kuchen begradigen, waagerecht halbieren und mit Buttercreme füllen. Danach alle Kuchen mit der Buttercreme rundum glatt einstreichen und ca. 1 Std. kalt stellen.

4 Den weißen und hellblauen Fondant weich kneten und dünn ausrollen. Die große Torte weiß und die mittlere hellblau eindecken. Aus dem restlichen hellblauen Fondant für die Hosenträger einen langen Streifen (ca. 30 × 4 cm) ausrollen. Aus dem restlichen weißen Fondant dünne Streifen schneiden und in regelmäßigem Abstand auf den blauen Fondant legen. Mit dem Rollstab darüberrollen. sodass ein Streifenmuster entsteht. Zwei Hosenträger (je ca. 4 × 15 cm) zuschneiden und mit Kleber an der großen Torte befestigen

5 Die große und die mittlere Torte mit etwas Buttercreme auf den Cake Boards fixieren. Die große Torte auf eine Tortenplatte setzen, dann beide Torten mit den Holzstäbchen zu einer zweistöckigen Torte zusammensetzen (siehe S. 18–19).

6 Den restlichen schwarzen Fondant dünn ausrollen. Für die Knöpfe zwei Kreise ausstechen und mit dem Zahnstocher je vier Löcher einstechen. Die Knöpfe am unteren Hosenträgerrand ankleben. Die Fliege zwischen die Hosenträger kleben. Bart und Monokel an der mittleren Torte ankleben. Mit dem restlichen schwarzen Fondant die kleine Torte einschlagen und eine Hutkrempe formen. Die Krempe mit Kleber an der kleinen Torte befestigen und diese auf die mittlere Etage setzen. Mit der restlichen Buttercreme die Spalte zwischen den Etagen sowie zwischen Torte und Tortenplatte verdecken.

SCHOKO-LADEN-TORTEN

Ob cremig weiß, hellbraun oder ganz dunkel,
ob zum Trösten, Verwöhnen oder Beschenken –
Schokolade passt immer. Und wenn dann noch
Torte dazukommt, ist man im Schokohimmel.

Schokoladensorten

Bei Schokolade leuchten nicht nur Kinderaugen. Bis weit ins 19. Jahrhundert wurde sie noch als Arznei verkauft. Heute gibt es unzählige Varianten davon – ganz ohne Rezept.

Drops

Die kleinen Schokoladenplättchen sind praktisch zum Schmelzen und lassen sich ideal portionieren. Kaufen Sie am besten gleich größere Mengen davon, denn das ist wesentlich günstiger. Wie bei Tafelschokolade unterscheiden sich die Marken in Qualität und Geschmack.

Modellierschokolade

Diese Schokolade ist mit Zuckersirup gemischt. So entsteht eine formbare Masse, aus der sich leicht Figuren und Blüten herstellen lassen. Modellierschokolade kann man fertig kaufen oder selbst herstellen. Dafür 200 g dunkle Schokolade im Wasserbad schmelzen, 100 g Glukosesirup auf die gleiche Temperatur erwärmen und beides mischen. Über Nacht abkühlen lassen und vor dem Verwenden gut durchkneten. Für weiße Modellierschokolade braucht es nur 75 g Glukosesirup.

Kakao und Schokoladenpulver

Kakaopulver wird aus gerösteten Kakaobohnen hergestellt. Dieses Pulver ist – ohne Zusätze und Zucker – ideal zum Backen. Zu unterscheiden sind schwach und stark entölte Kakaopulver. Erstere haben einen Restfettanteil von 20 % und lösen sich weniger gut in Milch und Wasser auf. Im Vergleich zu den stark entölten Kakaopulvern (10 % Restfettanteil) schmecken sie aber herrlich nach Schokolade. Schokoladenpulver sind Fertigprodukte aus Kakaopulver, Zucker und Zusätzen. Sie werden zum Bestreuen von Torten & Co. eingesetzt.

Kuvertüre und Fettglasur

Kuvertüre besteht aus Kakaomasse, Zucker und mindestens 31 % Kakaobutter. Der Anteil an Kakaomasse bestimmt den Geschmack. Die Überzugsmasse eignet sich besonders für Gebäck und Torten, aber auch für Ganaches. Fettglasuren bestehen aus entölter Kakaomasse und Zucker. Anstelle von Kakaobutter werden hier jedoch preiswerte gehärtete Pflanzenfette eingesetzt, was sowohl Geschmack als auch Qualität mindert. Allerdings muss man Fettglasuren nicht temperieren, das erleichtert ihre Verwendung. Beides gibt es als weiße, Vollmilch und dunkle Schokoladenversion.

Weiße Schokolade

Die polarisiert im Schokoladenregal! Fans schwören auf ihre einmalige Süße, Skeptiker behaupten sie sei gar keine Schokolade. Anders als dunkle Schokoladen enthalten die weißen Tafeln kein Kakaopulver, sondern bestehen neben Zucker und Trockenmilchmasse nur aus Kakaobutter. Deshalb ist sie auch süßer im Geschmack.

Damit die Schokolade schön glänzt, …

… muss sie temperiert werden. Dabei ist es wichtig, die Schokolade gleichmäßig zu schmelzen. Dafür die Tafel in kleine Stücke zerteilen und diese in einer Schüssel über Wasserdampf langsam erhitzen. Wichtig ist es dabei, mit niedrigen Temperaturen zu arbeiten. Ideal sind 55° für die geschmolzene dunkle Schokolade. Dunkle Schokolade verträgt mehr Wärme als helle. Hellere Sorten lässt man am besten bei 43° schmelzen, Milchschokolade bei 50°. Zum Temperieren nur zwei Drittel der Schokoladenstückchen schmelzen, dann die restliche Schokolade dazugeben und alles miteinander verrühren. Dabei kühlt die Schokoladenmasse ab (auf 28–30°). Anschließend erneut auf 32° erhitzen und verwenden.

Mit Schokolade schreiben

Schriftzüge, Buchstaben oder andere Motive machen auf Torten viel her. Dafür die geschmolzene Schokolade in eine Spritztüte füllen, verschließen und eine kleine Ecke abschneiden. Zum Schreiben mit dem Daumen leichten Druck auf die Tüte ausüben und die Spitze langsam und ruhig bewegen. Mit der freien Hand das Handgelenk der zeichnenden Hand umfassen und stützen. So zeichnet man ruhiger und sicherer. Am besten übt es sich auf Backpapier und mit einfachen Motiven wie Blüten. Die Schokolade ca. 15 Min. im Kühlschrank fest werden lassen und mit einem Messer abheben.

Oh Tannenbaum

Schwierigkeit: ●●○

Für 1 Torte (14 Stücke) | Pro Stück ca. 450 kcal, 5 g EW, 31 g F, 38 g KH

45 Min. Zubereitung, 1 Std. 20 Min. Backen, 1 Std. Trocknen

FÜR DEN GRÜNEN TEIG:
100 g weiche Butter
1 Prise Salz | 100 g Zucker
1 TL Vanilleextrakt
2 Eier (M)
1 TL grüne Lebensmittelfarbe
100 g Mehl
1 ½ TL Backpulver

FÜR DEN SCHOKOLADENTEIG:
100 g Zartbitterschokolade
  (mind. 70 % Kakaogehalt)
100 g Butter

3 Eier (M) | 100 g Zucker
100 g Mehl | 1 TL Backpulver
150 g Crème fraîche

FÜR DIE DEKO:
50 g hellblauer Fondant
50 g weißer Fondant
Lebensmittelkleber
schwarzer Lebensmittelstift
10 g roter Fondant
Lebkuchenmännchen-Zuckerstreusel
  (z. B. von Städter)

FÜR DEN SCHOKOLADENGUSS:
150 g Zartbitterschokolade
  (mind. 70 % Kakaogehalt)
150 g Butter
50 ml Milch
150 g Puderzucker

AUSSERDEM:
Kastenform (25 cm lang)
Butter für die Form
Tannenbaum- und Eiskristallaus-
  stecher (ca. 5 cm ⌀)
Spritzbeutel ohne Tülle

1 Den Backofen auf 180° vorheizen und die Form einfetten. Für den grünen Teig Butter, Salz, Zucker und Vanille cremig rühren. Eier und Lebensmittelfarbe einrühren. Mehl und Backpulver darübersieben und alles zu einem glatten Teig verrühren. Den Teig in die Form füllen, glatt streichen und im Ofen (Mitte) 35–40 Min. backen. Aus der Form lösen und ganz auskühlen lassen. Den Kuchen danach in 5 cm dicke Scheiben schneiden und daraus mit dem Ausstecher Tannenbäume ausstechen. Die Form reinigen und wieder einfetten.

2 Für den Schokoladenteig die Schokolade grob hacken und mit der Butter in einer Schüssel über dem heißen Wasserbad schmelzen. Danach abkühlen lassen. Eier und Zucker mit den Quirlen des Handrührgeräts hellschaumig aufschlagen. Mehl und Backpulver darübersieben und mit wenigen Umdrehungen des Rührgeräts untermischen. Schokobutter und Crème fraîche in zwei Portionen mit dem Teigschaber unterheben.

3 Den Teig in den Spritzbeutel füllen und 3 EL davon auf dem Boden der Form verstreichen. Die Tannenbäume dicht hintereinander in den Teig stellen, dann den restlichen Teig vorsichtig rundum in die Form spritzen. Die Oberfläche glatt streichen und den Kuchen im Ofen (Mitte) 40–45 Min. backen. Leicht abgekühlt aus der Form lösen und vollständig abkühlen lassen.

4 Für die Deko den hellblauen Fondant weich kneten, dünn ausrollen und Eiskristalle ausstechen. Für den Schneemann aus weißem Fondant drei Kugeln formen und mit etwas Lebensmittelkleber oder Wasser verbinden. Aus dem restlichen blauen Fondant eine kleine Pudelmütze kneten und auf dem Kopf befestigen. Mit dem Lebensmittelstift das Gesicht und die Knöpfe aufzeichnen. Aus dem roten Fondant eine Nase formen und ankleben. Alles ca. 1 Std. trocknen lassen.

5 Für den Guss die Schokolade in kleine Stücke hacken. Die Stückchen mit Butter und Milch in eine Schüssel geben und über dem heißen Wasserbad schmelzen. Danach vom Herd nehmen, den Puderzucker darübersieben und alles gut verrühren. Den Guss ca. 30 Min. bei Zimmertemperatur abkühlen lassen, dann den Kuchen damit überziehen.

6 Eiskristalle und Schneemann auf dem Kuchen, die Lebkuchenmännchen in einer Reihe am unteren Kuchenrand in den feuchten Guss drücken.

Kaffee oder Tee?

Schwierigkeit: ●●◒

Für 1 Torte (8 Stücke) | Pro Stück ca. 615 kcal, 6 g EW, 27 g F, 87 g KH

1 Std. Zubereitung, 40 Min. Backen, 4 Std. Trocknen

FÜR DEN TEIG:

½ Bio-Orange | 50 g weiche Butter
1 Prise Salz | 115 g Zucker
2 Eier (M)
85 g Mehl | 1 TL Backpulver
100 g gemahlene Haselnüsse

FÜR DEKO UND FÜLLUNG:

750 g weißer Fondant

50 g Orangenmarmelade
Lebensmittelkleber
schwarzer und rosa Lebensmittelstift
2 Marshmallow-Herzen

FÜR DIE GANACHE:

100 g Zartbitterschokolade
  (mind. 70 % Kakaogehalt)
100 g Sahne

AUSSERDEM:

halbkugelförmige Metallschüssel
  (15 cm ⌀)
Butter und Mehl für die Schüssel
Bäckerstärke zum Arbeiten

1 Den Backofen auf 180° vorheizen. Die Schüssel einfetten und mit Mehl ausstäuben. Für den Teig die Orange heiß abwaschen und abtrocknen. Die Schale abreiben und ca. 40 ml Saft auspressen. Butter, Salz und Zucker cremig rühren. Orangenschale und -saft zugeben und die Eier einzeln unterrühren. Mehl, Backpulver und Nüsse mit dem Teigschaber unterheben. Den Teig in die Form füllen, glatt streichen und im Ofen (Mitte) ca. 40 Min. backen. Herausnehmen, den Kuchen leicht abgekühlt aus der Form lösen und ganz auskühlen lassen.

2 Für die Deko den Fondant weich kneten und ca. 3 mm dick ausrollen. Den Kuchen mit der Rundung nach oben auf die Arbeitsfläche legen und dünn mit Orangenmarmelade bestreichen. Mit dem Fondant einschlagen und glatt streichen. Den überschüssigen Fondant am Rand abtrennen.

3 Den restlichen Fondant erneut durchkneten und daraus drei dünnen Rollen (ca. 2 cm ⌀) für Tassenboden, Tassenrand und Henkel rollen sowie einen Kreis (ca. 20 cm ⌀) für die Untertasse formen. Die Rollen bis zur Verwendung in Frischhaltefolie wickeln. Eine Porzellanuntertasse mit Bäckerstärke bestreuen und den Fondantkreis darauflegen. Ca. 4 Std. trocknen lassen, sodass der Fondant die Wölbung annimmt.

4 Für die Ganache die Schokolade klein hacken und in eine Schüssel geben. Die Sahne in einem Topf erhitzen und über die Schokolade gießen. Alles ca. 3 Min. schmelzen lassen, dann mit dem Schneebesen zu einer glatten Masse verrühren. Die Ganache ca. 30 Min. bei Zimmertemperatur abkühlen lassen.

5 Die Fondantrolle für den Tassenboden zu einem Ring schließen und diesen mittig auf die Fondantuntertasse setzen. Etwas Lebensmittelkleber am oberen Rand der Torte auftragen und die Torte mit der Rundung nach unten auf den Fondantring setzen.

6 Die Kuchenoberfläche mit der Ganache einstreichen und eine Fondantrolle als oberen Tassenrand und eine als Henkel mit Lebensmittelkleber befestigen. Mit den Lebensmittelstiften ein Gesicht auf die Tasse zeichnen und die Torte mit den Marshmallow-Herzen dekorieren.

Oink, oink ... Pool-Party

Schwierigkeit: ●●○

Für 1 Torte (8 Stücke) | Pro Stück ca. 930 kcal, 13 g EW, 65 g F, 73 g KH

1 Std. 30 Min. Zubereitung, 40 Min. Backen

FÜR DEN TEIG:
90 g Zartbitterschokolade
 (mind. 70 % Kakaogehalt)
90 g Butter
3 Eier (M)
90 g Zucker
90 g Mehl
1 ½ TL Backpulver
150 g Crème fraîche

FÜR DIE GANACHE:
300 g Zartbitterschokolade
 (mind. 70 % Kakaogehalt)
300 g Sahne

FÜR DIE DEKO:
200 g Marzipanrohmasse
rote, weiße und rosa Lebensmittel-
farbe | Lebensmittelkleber
schwarzer Lebensmittelstift

450 g Waffelröllchen mit Hasel-
 nusscreme (z. B. Amicelli)
buntes Zuckerkonfetti
2 Sektflaschen-Kerzen (z. B. von
 Städter)

AUSSERDEM:
Springform (25 cm ∅)
Butter für die Form
Cake Board (25 cm ∅)

1 Den Backofen auf 180° vorheizen. Den Boden der Form mit Backpapier auslegen und den Rand einfetten. Für den Teig die Schokolade grob hacken und mit der Butter in einer Schüssel über dem heißen Wasserbad schmelzen. Danach abkühlen lassen. Eier und Zucker mit den Quirlen des Handrührgeräts hellschaumig aufschlagen. Mehl und Backpulver darübersieben und mit wenigen Umdrehungen des Rührgeräts untermischen. Schokobutter und Crème fraîche in zwei Portionen mit dem Teigschaber unterheben. Den Teig in die Form füllen, glatt streichen und im Ofen (Mitte) 35–40 Min. backen. Herausnehmen, leicht abgekühlt aus der Form lösen und ganz auskühlen lassen.

2 Für die Ganache die Schokolade klein hacken und in eine Schüssel geben. Die Sahne in einem Topf erhitzen und über die Schokolade gießen. Alles ca. 3 Min. schmelzen lassen, dann mit dem Schneebesen zu einer glatten Masse verrühren. Die Ganache ca. 30 Min. bei Zimmertemperatur abkühlen lassen.

3 Inzwischen für die Deko je eine kleine Portion Marzipan mit Lebensmittelfarbe rot und weiß einfärben. Jede Portion zu einem Strang rollen, miteinander verdrehen und nochmals glatt rollen. Die geringelte Rolle zu einem Rettungsring zusammenlegen.

4 Das restliche Marzipan rosa einfärben und daraus Schweinchen formen. Für die Pfoten acht kaffeebohnengroße Ovale formen und in die Mitte eine Linie drücken. Den Bauch ca. 5 cm groß tropfenförmig formen und für den Bauchnabel ein kleines Loch eindrücken. Für die Pos zwei Kugeln rollen, jeweils einen Ringelschwanz ankleben und für die Pobacken eine Linie ziehen. Für die Köpfe zwei Kugeln rollen, je zwei kleine Dreiecke als Ohren und eine Schnauze darankleben. Die Augen mit Lebensmittelstift aufzeichnen. Die Schweinchen bis zur Verwendung in Frischhaltefolie wickeln.

5 Die Torte auf das Cake Board setzen und rundum mit der Ganache einstreichen. Die Waffelröllchen auf unterschiedliche Längen kürzen und am Tortenrand andrücken. Die Oberseite der Torte mit einer dickeren Schicht Ganache sehr glatt bestreichen und die Schweinchen darauf platzieren. Den Rettungsring über ein Waffelröllchen hängen und die Kerzen auf die Torte setzen. Die Torte zuletzt mit Zuckerkonfetti bestreuen.

Was könnte es Schöneres geben als ein *Bad in Schokolade*?
Da möchte man glatt zum Marzipanschwein werden.

Coco Loco

Schwierigkeit: ●●○

Für 1 Torte (24 Stücke) | Pro Stück ca. 510 kcal, 7 g EW, 39 g F, 33 g KH

1 Std. 30 Min. Zubereitung, 45 Min. Backen, 30 Min. Frieren

FÜR DEN TEIG:

250 g Zartbitterschokolade
  (mind. 70 % Kakaogehalt)
250 g Butter
8 Eier (M) | 250 g Zucker
250 g Mehl | 1 Pck. Backpulver
400 g Crème fraîche

FÜR DIE HELLE GANACHE:

200 g weiße Schokolade
100 g Sahne

FÜR DIE DUNKLE GANACHE:

300 g Zartbitterschokolade
  (mind. 70 % Kakaogehalt)
300 g Sahne

FÜR DIE DEKO:

200 g grobe Kokosraspel

AUSSERDEM:

Springform (15 cm ∅)
Butter für die Form

2 halbkugelförmige Metallschüsseln
  (15 cm ∅)
Butter und Mehl für die Schüsseln
Cake Board (15 cm ∅)
2 Cocktailschirmchen
2 Strohhalme

1 Den Backofen auf 180 °C vorheizen. Den Boden der Form mit Backpapier auslegen und den Rand einfetten. Die Schüsseln einfetten und mit Mehl ausstäuben. Für den Teig die Schokolade grob hacken und mit der Butter in einer Schüssel über dem heißen Wasserbad schmelzen. Danach abkühlen lassen. Eier und Zucker mit den Quirlen des Handrührgeräts hellschaumig aufschlagen. Mehl und Backpulver darübersieben und mit wenigen Umdrehungen des Rührgeräts untermischen. Schokobutter und Crème fraîche in zwei Portionen mit dem Teigschaber unterheben. Den Teig in die Formen füllen, glatt streichen und im Ofen (Mitte) 40–45 Min. backen. Herausnehmen, leicht abgekühlt aus den Formen lösen und ganz auskühlen lassen.

2 Inzwischen für die helle Ganache die weiße Schokolade klein hacken und in eine Schüssel geben. Die Sahne erhitzen und über die Schokostückchen gießen. Alles ca. 3 Min. schmelzen lassen, dann mit dem Schneebesen zu einer glatten Masse verrühren. Die Ganache 30–45 Min. bei Zimmertemperatur abkühlen lassen. Die dunkle Ganache ebenso zubereiten und ca. 30 Min. bei Zimmertemperatur abkühlen lassen.

3 Bei den halbkugelförmigen Kuchen an der gewölbten Seiten eine dünne Scheibe abschneiden, sodass sie gerade stehen. Einen Kuchen zusätzlich an der gerundeten Seite ca. 3 cm tief aushöhlen und dabei einen 4–5 cm breiten Rand lassen. Den runden Kuchen begradigen.

4 Beide Ganaches mit dem Handrührgerät ca. 2 Min. aufschlagen. Den nicht ausgehöhlten halbkugelförmigen Kuchen mit der Wölbung nach unten auf das Cake Board setzen und 2 EL dunkle Ganache gleichmäßig darauf verteilen. Den runden Kuchen daraufsetzen und ebenfalls mit 2 EL dunkler Ganache bestreichen. Zuletzt den zweiten halbkugelförmigen Kuchen mit der ausgehöhlten Seite nach oben darauflegen und die Torte ca. 30 Min. ins Tiefkühlfach stellen.

5 Für die Deko die Kokosraspel in einer Pfanne ohne Fett goldbraun rösten. Von der hellen Ganache ein Drittel abnehmen und beiseitestellen. Mit der restlichen hellen Ganache den oberen Kuchenrand und den ausgehöhlten Bereich einstreichen. Den Kuchen dann rundum mit der restlichen dunklen Ganache einstreichen und mit den Kokosflocken bestreuen. Die restliche helle Ganache bei Bedarf wieder erwärmen und in den ausgehöhlten Tortenbereich füllen. Die Torte mit den Cocktailschirmchen und den Strohhalmen dekorieren.

Vom Frühling geküsst

Schwierigkeit: ●●●

Für 1 Torte (12 Stücke) | Pro Stück ca. 745 kcal, 5 g EW, 32 g F, 107 g KH

1 Std. Zubereitung, 50 Min. Backen

FÜR DEN TEIG:
200 g weiche Butter
1 Prise Salz
200 g Zucker
1 TL Vanilleextrakt
4 Eier (M)
200 g Mehl
½ Pck. Backpulver

FÜR BUTTERCREME UND FÜLLUNG:
225 g weiße Schokolade
125 g Sahne

1 Prise Salz
110 g weiche Butter
700 g Puderzucker
250 g Himbeeren

FÜR DIE DEKO:
150 g weißer Fondant
rosa, flieder, rote, hellblaue und
  türkise Lebensmittelfarbe
Lebensmittelkleber
Zuckerperlen (z. B. rosa, weiß und
  hellblau)

AUSSERDEM:
Springform (20 cm ∅)
Butter für die Form
Cake Board (20 cm ∅)
gewellter Tortenkamm
Blütensilikonformen in verschiedenen
  Formen und Größen

1 Den Backofen auf 180° vorheizen. Den Boden der Form mit Backpapier auslegen und den Rand einfetten. Für den Teig Butter, Salz, Zucker und Vanilleextrakt cremig rühren. Die Eier einzeln einrühren. Mehl und Backpulver darübersieben und alles zu einem glatten Teig verrühren. Den Teig in die Form füllen, glatt streichen und im Ofen (Mitte) 45–50 Min. backen. Herausnehmen, den Kuchen leicht abgekühlt aus der Form lösen und vollständig abkühlen lassen.

2 Für die Buttercreme die Schokolade in kleine Stücke hacken und in eine Schüssel geben. Die Sahne erhitzen, das Salz zugeben und über die Schokolade gießen. Alles ca. 5 Min. schmelzen lassen, dann mit dem Schneebesen zu einer glatten Masse verrühren. Die Schokomasse 30–45 Min. bei Zimmertemperatur abkühlen lassen. Danach mit den Quirlen des Handrührgeräts 2–3 Min. cremig aufschlagen, dabei die Butter stückchenweise unterrühren. 600 g Puderzucker nach und nach darübersieben und unterrühren, bis eine streichfeste Creme entsteht. Ist die Creme noch zu weich, den restlichen Puderzucker darübersieben und unterrühren.

3 Die Himbeeren verlesen, waschen und trocken tupfen. Den Kuchen bei Bedarf begradigen, dann waagerecht durchschneiden. Einen Boden auf das Cake Board setzen und mit 4 EL Buttercreme bestreichen. Die Himbeeren gleichmäßig darauf verteilen und den zweiten Boden daraufsetzen.

4 Die Torte rundum mit der restlichen Buttercreme einstreichen und mit dem Tortenkamm ein Muster in den Rand streichen. Bis zum Dekorieren kalt stellen.

5 Den Fondant in fünf Portionen teilen und weich kneten. Jede Portion mit einer Lebensmittelfarbe einfärben. Aus den gefärbten Fondants kleine Kügelchen formen und in die Blütenformen drücken, bis diese komplett gefüllt sind und glatt abschließen. Die Blüten vorsichtig aus den Formen drücken und die Torte damit dekorieren. In der Mitte jeder Blüte 1 Zuckerperle mit Lebensmittelkleber befestigen.

Tortenglück im *Blütenlook*. Am besten im Grünen genießen –
mit Vogelgezwitscher und Blütenduft.

Mähhhhh ...

Schwierigkeit: ●●●
Für 1 Torte (12 Stücke) | Pro Stück ca. 700 kcal, 6 g EW, 31 g F, 98 g KH
1 Std. Zubereitung, 55 Min. Backen

FÜR DEN TEIG:
1 Bio-Orange
75 g weiche Butter
1 Prise Salz
175 g Zucker
3 Eier (M)
125 g Mehl
½ Pck. Backpulver
150 g gemahlene Haselnüsse

FÜR DIE BUTTERCREME:
225 g weiße Schokolade
125 g Sahne
1 Prise Salz
110 g weiche Butter
700 g Puderzucker

FÜR DIE DEKO:
100 g weißer Fondant
rosa, schwarze und grüne Lebensmittelfarbe

AUSSERDEM:
Springform (20 cm ∅)
Butter für die Form
Spritzbeutel mit Sterntülle (14 cm ∅)

1 Den Backofen auf 180° vorheizen. Den Boden der Form mit Backpapier auslegen und den Rand einfetten. Für den Teig die Orange heiß abwaschen und abtrocknen. Die Schale abreiben und ca. 80 ml Saft auspressen. Butter, Salz und Zucker cremig rühren. Orangenschale und -saft zugeben und die Eier einzeln unterrühren. Mehl, Backpulver und Nüsse mit dem Teigschaber unterheben. Den Teig in die Form füllen, glatt streichen und im Ofen (Mitte) ca. 55 Min. backen. Leicht abgekühlt aus der Form lösen und ganz auskühlen lassen.

2 Für die Buttercreme die Schokolade in kleine Stücke hacken und in eine Schüssel geben. Die Sahne erhitzen, das Salz zugeben und über die Schokolade gießen. Alles ca. 3 Min. schmelzen lassen, dann mit dem Schneebesen zu einer glatten Masse verrühren. Die Schokomasse 30–45 Min. bei Zimmertemperatur abkühlen lassen. Danach mit den Quirlen des Handrührgeräts 2–3 Min. cremig aufschlagen, dabei die Butter stückchenweise unterrühren. 600 g Puderzucker nach und nach darübersieben und unterrühren, bis eine streichfeste Creme entsteht. Ist die Creme noch zu weich, den restlichen Puderzucker darübersieben und unterrühren.

3 Die Torte rundum glatt mit der Creme einstreichen. Dabei am Rand eine dünne und oben eine dickere, deckende Schicht auftragen. Die restliche Creme in den Spritzbeutel füllen und die Torte rundum mit zwei Reihen Buttercremekringeln verzieren. Am oberen Tortenrand eine dritte Kringelreihe und einige Stirnlocken aufspritzen. Die Torte bis zum Dekorieren kalt stellen.

4 Für die Deko den Fondant weich kneten und in vier Portionen teilen. Aus einer Portion zwei Ohren formen. Die übrigen Portionen rosa, schwarz und grün einfärben. Aus dem rosa Fondant die Innenseite der Ohren und eine dreieckige Nase formen. Die Ohren zusammensetzen und an der Torte befestigen. Aus dem schwarzen Fondant Augen und Mund formen und leicht in die Buttercreme drücken. Die Nase ebenfalls aufdrücken. Aus dem grünen Fondant ein Kleeblatt formen und mit dem Stiel in den Mund stecken.

Tipp

Damit die Ohren gut an der Torte halten, kann man sie zusätzlich noch mit Zahnstochern befestigen.

Broken Heart

Schwierigkeit: ●●●

Für 1 Torte (12 Stücke) | Pro Stück ca. 785 kcal, 6 g EW, 33 g F, 88 g KH

1 Std. Zubereitung, 1 Std. Backen

FÜR DIE DEKO UND FÜLLUNG:
250 g Vollmilch-Fondant
blauer und schwarzer Lebensmittelstift
rosa Zuckerherz
150 g silberner Fondant
5 EL Himbeerkonfitüre
1 kg roter Schokoladen-Fondant
Lebensmittelkleber

FÜR DEN TEIG:
150 g Himbeeren
185 g Zartbitterschokolade
  (mind. 70 % Kakaogehalt)
185 g Butter
6 Eier (M) | 185 g Zucker
185 g Mehl
¾ Pck. Backpulver
300 g Crème fraîche

AUSSERDEM:
3 Zahnstocher
Herz-Springform (26 cm ∅)
Butter für die Form
Aribrush-Gerät
silberne Airbrush-Farbe (ersatzweise
  Silberspray)

1 Für die Deko aus dem Vollmilch-Fondant eine Voo-doo-Figur formen und mit dem blauen Lebensmittelstift Linien und Schlips aufmalen. Das Zuckerherz ankleben und die Zahnstocher als Voodoo-Nägel in die Figur ste-cken. Den silbernen Fondant weich kneten und daraus einige Schrauben, Muttern, Zahnräder, Nieten und einen flachen Streifen (ca. 3 × 8 cm) formen. Mit dem blauen Lebensmittelstift »KAPUTT« auf den Streifen schreiben. Alle Teile bis zur Verwendung in Frischhaltefolie wickeln.

2 Den Backofen auf 180° vorheizen. Den Boden der Form mit Backpaier auslegen und den Rand einfetten. Für den Teig die Himbeeren verlesen, waschen und tro-cken tupfen. Die Schokolade grob hacken und mit der Butter in einer Schüssel über dem heißen Wasserbad schmelzen. Danach abkühlen lassen. Eier und Zucker mit den Quirlen des Handrührgeräts hellschaumig auf-schlagen. Mehl und Backpulver darübersieben und mit wenigen Umdrehungen des Rührgeräts untermischen. Schokobutter und Crème fraîche in zwei Portionen mit dem Teigschaber unterheben. Den Teig in die Form fül-len, die Himbeeren darauf verteilen und glatt streichen. Den Teig im Ofen (Mitte) ca. 1 Std. backen. Herausneh-men, den Kuchen leicht abgekühlt aus der Form lösen und ganz auskühlen lassen.

3 Aus der rechten Herzseite ca. 2 cm tief ein Quadrat (5 × 5 cm) ausstechen. Den Kuchen dann mit der Konfi-türe einstreichen. Den roten Schokoladen-Fondant dünn ausrollen und die Torte damit eindecken, dabei das ein-geschnittene Quadrat deutlich herausarbeiten.

4 In die Herzmitte mit dem Rücken eines Messers eine Zickzacklinie eindrücken und die Linie mit schwarzem Lebensmittelstift nachzeichnen. Voodoo-Figur, Schrau-ben, Muttern, Zahnräder und den beschrifteten Fon-dantstreifen auf der Torte verteilen und jedes Element mit Lebensmittelkleber befestigen. Die Torte mit dem Airbrush-Gerät dünn mit silberner Farbe übersprühen.

Auch andere Mütter haben schöne Söhne. Aber die können sie
erst einmal behalten. *Jetzt gibt es Kuchen!*

Eulen-
torte

Leckere Schoko-Buttercreme und Schokoladen-
fondant ... Schokolade satt kommt mit dieser
supersüßen Torte auf den Kuchenteller. Wie gut,
dass die nicht wegfliegen kann!

Eulentorte

Schwierigkeit: ●●●
Für 1 Torte (24 Stücke) | Pro Stück ca. 610 kcal, 5 g EW, 37 g F, 61 g KH
2 Std. Zubereitung, 45 Min. Backen, 1 Std. Kühlen

FÜR DEN TEIG:
400 g weiche Butter
1 Prise Salz | 400 g Zucker
3 TL Vanilleextrakt
8 Eier (M)
400 g Mehl
1 Pck. Backpulver

FÜR DIE BUTTERCREME:
300 g Zartbitterschokolade
  (mind. 70 % Kakaogehalt)

450 g weiche Butter
500 g Puderzucker

FÜR DIE DEKO:
250 g dunkler Schokoladenfondant
200 g weißer Fondant
rote, orange und schwarze Lebensmittelfarbe
Lebensmittelkleber

AUSSERDEM:
2 Springformen (15 cm ∅)
Butter für die Formen
halbkugelförmige Metallschüssel
  (15 cm ∅)
Butter und Mehl für die Schüssel
Cake Board (15 cm ∅)
Spritzbeutel mit Lochtülle
  (12 mm ∅)
Kreisausstecher (2, 5 und 8 cm ∅)

1 Den Backofen auf 180° vorheizen. Die Böden der Formen mit Backpapier auslegen und die Ränder einfetten. Die Schüssel einfetten und mit Mehl ausstäuben. Für den Teig Butter, Salz, Zucker und Vanilleextrakt cremig rühren. Die Eier einzeln einrühren. Mehl und Backpulver darübersieben und alles zu einem glatten Teig verrühren. Den Teig in die Formen füllen, glatt streichen und im Ofen (Mitte) 40–45 Min. backen. Herausnehmen, die Kuchen leicht abgekühlt aus den Formen lösen und ganz auskühlen lassen.

2 Für die Buttercreme die Schokolade grob hacken und in einer Schüssel über dem heißen Wasserbad schmelzen. Danach abkühlen lassen. Die Butter cremig rühren und die geschmolzene Schokolade einrühren. 400 g Puderzucker nach und nach darübersieben und unterrühren, bis eine streichfeste Creme entsteht. Ist die Creme noch zu weich, den restlichen Puderzucker unterrühren.

3 Die Kuchen begradigen, einen runden Kuchen auf das Cake Board setzen und mit 2 EL Buttercreme bestreichen. Den zweiten runden Kuchen aufsetzen, ebenfalls mit 2 EL Buttercreme bestreichen und den halbkugelförmigen Boden auflegen. Die Torte rundum dünn mit Buttercreme einstreichen und 1 Std. kalt stellen. Die restliche Creme in den Spritzbeutel füllen.

4 Für die Deko den Schokoladenfondant in vier Portionen (eine à ca. 75 g und drei à ca. 60 g) teilen. Die drei kleinen Portionen mit 100 g weißem Fondant verkneten, sodass zwei mittelbraune und eine hellbraune Portion

entstehen. Dann alle Fondants dünn ausrollen und für die Bauchfedern fünf dunkelbraune, acht mittelbraune und drei hellbraune Kreise (5 cm ∅) ausstechen.

5 Aus dem restlichen weißen Fondant zwei große (8 cm ∅) und zwei kleine Kreise (2 cm ∅) ausstechen. Den übrigen weißen Fondant rot, orange und schwarz einfärben. Aus dem schwarzen Fondant zwei Kreise (5 cm ∅) ausstechen. Aus dem roten Fondant eine Schleife, aus dem orangefarbenen Fondant den Schnabel und aus den braunen Fondantresten zwei Ohren formen.

6 Zuerst die Bauchfedern an der Torte anbringen. Dafür die dunkelbraunen Fondantkreise in einer Reihe am unteren Tortenrand jeweils mit etwas Buttercreme oder Kleber befestigen. Darüber dachziegelartig zwei Reihen mittelbraune Kreise anbringen und mit einer Reihe hellbrauner Kreise abschließen.

7 Für das Federkleid am unteren Tortenrand beginnend Buttercremekreise aufspritzen. Eine kleine Palette ansetzen, leicht andrücken und nach oben wegziehen. So fortfahren, bis die Torte komplett eingedeckt ist. Zuletzt die Augen aus den weißen und schwarzen Fondantkreisen zusammenkleben. Augen, Ohren, Schnabel und Schleife an der Torte anbringen.

Torte zusammensetzen: Den ersten Kuchen auf das Cake Board setzen und mit 2 EL Buttercreme bestreichen. Den zweiten Kuchen aufsetzen und ebenfalls mit Buttercreme bestreichen. Zuletzt den halbkugelförmigen Boden mit der Wölbung nach oben auflegen.

Bauchfedern formen: Die braun gefärbten Fondants dünn ausrollen und Kreise (ca. 5 cm Ø) ausstechen.

Die Augen zusammensetzen: Je einen großen weißen Kreis, einen schwarzen Kreis und einen kleinen weißen Kreisen aufeinanderkleben.

Schleife, Schnabel und Ohren: Aus dem roten Fondant eine Schleife und aus dem orangen Fondant den Schnabel formen. Aus den braunen Fondantresten zwei Ohren zuschneiden.

Bauchfedern anbringen: Die Fondantkreise mit etwas Buttercreme oder Kleber befestigen. Die nächst helleren Kreise mittig darüber an die Torte drücken. So fortfahren bis alle Bauchfederkreise angebracht sind.

Das Federkleid aufspritzen: Am unteren Tortenrand beginnend Buttercremekreise aufspritzen. Dann eine kleine Palette ansetzen, leicht andrücken und nach oben wegziehen. Darüber eine weitere Cremereihe aufspritzen und so fortfahren, bis die Eule komplett eingedeckt ist.

Einmal wunderschön, bitte!

Schwierigkeit: ●●●

Für 1 Torte (24 Stücke) | Pro Stück ca. 385 kcal, 3 g EW, 16 g F, 58 g KH

1 Std. Zubereitung, 2 Std. 25 Min. Backen, 1 Std. Frieren

FÜR DIE BAISERS:
2 Eiweiß (M)
115 g Zucker
pinke, türkise und goldene Lebensmittelfarbe
Goldspray

FÜR DEN TEIG:
6 Eier (M)
150 g Zucker
2 Pck. Vanillezucker
110 g Mehl
30 g Speisestärke

2 TL Backpulver
2 EL Puderzucker

FÜR DIE ERDBEER-BUTTERCREME:
150 g Erdbeeren
250 g weiche Butter
900 g Puderzucker

FÜR DEN SCHOKOLADENGUSS:
150 g Zartbitterschokolade
  (mind. 70 % Kakaogehalt)
90 g Butter
1 EL Maissirup (amerikan. Laden)

AUSSERDEM:
3 Spritzbeutel mit verschiedenen Tüllen (z. B. offene Sterntülle
  12 mm ∅, geschlossene Sterntülle
  8 mm ∅, Lochtülle 10 mm ∅)
2 Springformen (20 cm ∅)
Butter für die Formen
Cake Board (20 cm ∅)

1 Für die Baisers den Backofen auf 100° vorheizen und ein Backblech mit Backpapier belegen. Die Eiweiße in einer Schüssel mit dem Handrührgerät ca. 30 Sek. auf hoher Stufe aufschlagen. Dann den Zucker einrieseln lassen und weiterschlagen, bis die Masse fest und glänzend ist. Die Baisermasse in drei Portionen teilen. Eine Portion hell belassen, die anderen pink und türkis einfärben. Etwas goldene Lebensmittelfarbe auf eine Messerspitze geben und grob durch die pinke und türkise Masse ziehen. Die Baisermassen in die Spritzbeutel füllen und Tupfen in verschiedenen Größen und Formen auf das Blech spritzen. Die Baisers im Ofen (Mitte) schieben und die Baisers 1 Std. 30 Min.–1 Std. 50 Min. backen. Den Ofen dann ausschalten, die Tür einen Spalt öffnen und die Baisers darin vollständig abkühlen lassen. Die Spitzen der hellen Baisers mit Goldspray besprühen.

2 Den Backofen wieder auf 180° vorheizen. Die Böden der Formen mit Backpapier auslegen und die Ränder einfetten. Für den Teig die Eier trennen. Die Eiweiße mit dem Handrührgerät steif schlagen, dabei Zucker und Vanillezucker einrieseln lassen. Die Eigelbe zugeben und kurz unterrühren. Mehl, Stärke und Backpulver darübersieben und mit einem Teigschaber vorsichtig unterheben.

Den Teig in die Formen füllen, glatt streichen, mit Puderzucker bestäuben und im Ofen (Mitte) 30–35 Min. backen. Herausnehmen, leicht abgekühlt aus den Formen lösen und ganz abkühlen lassen.

3 Für die Buttercreme die Erdbeeren waschen, trocken tupfen und putzen. Dann pürieren. Das Erdbeerpüree mit der Butter in einer Schüssel cremig rühren. 800 g Puderzucker nach und nach darübersieben und unterrühren, bis eine streichfeste Creme entsteht. Ist die Creme noch zu weich, den restlichen Puderzucker unterrühren.

4 Die Kuchen begradigen und waagerecht halbieren. Einen Boden auf das Cake Board setzen und mit 3 EL Buttercreme bestreichen. Mit den restlichen Böden wiederholen, den letzten Boden nur auflegen. Die Torte dann mit der übrigen Creme rundum glatt einstreichen und ca. 1 Std. tiefkühlen.

5 Für den Guss die Schokolade grob hacken. Mit Butter und Sirup in einer Schüssel über dem heißen Wasserbad schmelzen. Den Guss durchrühren und ca. 10 Min. abkühlen lassen, bis er leicht andickt. Die Torte mit dem Guss überziehen und mit den Baisers dekorieren.

Velvet Cake

Schwierigkeit: ●●●
Für 1 Torte (24 Stücke) | Pro Stück ca. 340 kcal, 4 g EW, 18 g F, 40 g KH
1 Std. Zubereitung, 45 Min. Backen

FÜR DEN TEIG:
100 g Butter
1 Prise Salz
250 g Zucker
1 TL Vanilleextrakt
2 Eier (M)
300 g Mehl
20 g Kakaopulver
2 TL Backpulver
200 g Buttermilch
2 TL tiefrote Lebensmittelfarbe

FÜR DIE FRISCHKÄSECREME:
400 g Doppelrahmfrischkäse
100 g weiche Butter
1 TL Vanilleextrakt
1 Prise Salz
400 g Puderzucker
pinke Lebensmittelfarbe

FÜR DIE GANACHE:
200 g Zartbitterschokolade
  (mind. 70 % Kakaogehalt)
200 g Sahne

FÜR DIE DEKO:
50 g rosa Fondant

AUSSERDEM:
2 Springformen (20 cm Ø)
Butter für die Formen
Cake Board (20 cm Ø)
3 Spritzbeutel mit offener Sterntülle
  (8, 10 und 12 mm Ø)
Schmetterlingsausstecher (3 cm Ø)

1 Den Backofen auf 180° vorheizen, die Böden der Formen mit Backpapier auslegen und die Ränder einfetten. Für den Teig Butter, Salz, Zucker und Vanilleextrakt cremig rühren. Die Eier einzeln unterrühren. Mehl, Kakao und Backpulver in eine Schüssel sieben und in zwei Portionen abwechselnd mit der Buttermilch unterrühren. Den Teig mit Lebensmittelfarbe kräftig rot einfärben. In die Formen füllen, den Teig glatt streichen und im Ofen (Mitte) ca. 45 Min. backen. Herausnehmen, leicht abgekühlt aus den Formen lösen und ganz auskühlen lassen.

2 Für die Frischkäsecreme Käse, Butter, Vanilleextrakt und Salz mit dem Handrührgerät cremig rühren. Den Puderzucker in drei Portionen darübersieben und unterrühren, bis die Creme glatt und streichfest ist.

3 Die Kuchen begradigen und waagerecht halbieren. Einen Boden auf das Cake Board setzen und mit 3 EL Frischkäsecreme bestreichen. Den zweiten Boden aufsetzen und wieder 3 EL Creme darauf verteilen. Mit den übrigen Böden wiederholen. Die restliche Creme in drei Portionen teilen. Eine Portion pink und die zweite Portion zartrosa einfärben, die dritte Portion hell belassen. Die drei Cremes in die Spritzbeutel füllen.

4 Für die Ganache die Schokolade klein hacken und in eine Schüssel geben. Die Sahne in einem kleinen Topf erhitzen und über die Schokolade gießen. Alles ca. 3 Min. schmelzen lassen, dann mit dem Schneebesen zu einer glatten Masse verrühren. Die Ganache ca. 30 Min. bei Zimmertemperatur abkühlen lassen. Dann ca. 2 Min. mit dem Handrührgerät aufschlagen und die Torte damit rundum dünn einstreichen.

5 Für die Deko den Fondant dünn ausrollen und mit dem Ausstecher Schmetterlinge ausstechen. Die Oberfläche der Torte vollständig mit hellen, rosa und pinken Frischkäserosen einspritzen und die Torte mit den Fondantschmetterlingen dekorieren.

Schokomantel, *frische Cremerosen* und Zuckerschmetterlinge …,
der rote Südstaatenklassiker macht schwer was her.

Bloody-licious

Süßes, sonst gibt's Saures! Na da hätte ich doch etwas: Wie wäre es mit einer leckeren Schokoladentorte, knusprigen Baiser-Monstern und einem Kuchenkrümel-Friedhof? So lasse ich mir Halloween schmecken!

Bloodylicious

Schwierigkeit: 🍯🍯🍯
Für 1 Torte (20 Stücke) | Pro Stück ca. 655 kcal, 6 g EW, 40 g F, 67 g KH
2 Std. Zubereitung, 2 Std. 45 Min. Backen, 1 Std. Kühlen

FÜR BAISER-GEISTER UND DEKO:
2 Eiweiß (M) | 115 g Zucker
50 g weiße Schokolade
50 g Zartbitterschokolade
   (mind. 70 % Kakaogehalt)
10 Mini-Schokokekse
250 g Zartbitterkuvertüre

FÜR DEN TEIG:
175 g Zartbitterschokolade
   (mind. 70 % Kakaogehalt)

180 g Butter
6 Eier (M)
175 g Zucker
175 g Mehl
¾ Pck. Backpulver
300 g Crème fraîche

FÜR DIE BUTTERCREME:
6 TL Instant-Kaffeepulver
350 g weiche Butter
700 g Puderzucker

AUSSERDEM:
Spritzbeutel mit Lochtülle
   (12 mm ⌀)
2 Spritztüten (siehe S. 39)
2 Springformen (10 und 20 cm ⌀)
Butter für die Formen
Cake Board (20 cm ⌀)

1 Für die Baiser-Geister den Backofen auf 100° vorheizen und ein Backblech mit Backpapier belegen. Die Eiweiße in einer Schüssel steif schlagen. Dabei den Zucker langsam einrieseln lassen und weiterschlagen, bis die Masse fest und glänzend ist. Die Baisermasse in den Spritzbeutel füllen und ca. 8 cm hohe Tupfen auf das Blech spritzen. Die Baisers im Ofen (unten) 1 Std. 30 Min.–1 Std. 50 Min. backen. Den Ofen dann ausschalten, die Tür einen Spalt öffnen und die Baisers darin ganz auskühlen lassen.

2 Für die Deko beide Schokoladen hacken, getrennt im heißen Wasserbad schmelzen und abkühlen lassen. Die geschmolzenen Schokoladen in die Spritztüten füllen und jeweils eine kleine Ecke abschneiden. Den Geistern dunkle Schoko-Gesichter und den Keksen weiße Jahreszahlen als Grabsteine aufmalen.

3 Den Backofen wieder auf 180° vorheizen. Die Böden der Formen mit Backpapier auslegen und die Ränder einfetten. Für den Teig die Schokolade grob hacken und mit der Butter in einer Schüssel über dem heißen Wasserbad schmelzen. Danach abkühlen lassen. Eier und Zucker hellschaumig aufschlagen. Mehl und Backpulver darübersieben und kurz untermischen. Schokobutter und Crème fraîche in zwei Portionen mit dem Teigschaber unterheben. Den Teig in die Formen füllen, glatt streichen und im Ofen (Mitte) ca. 35 Min. (10-cm-Form) und ca. 55 Min. (20-cm-Form) backen. Herausnehmen, leicht abgekühlt aus den Formen lösen und ganz auskühlen lassen.

4 Für die Buttercreme das Kaffeepulver in 2 TL heißem Wasser auflösen. Butter, 350 g Puderzucker und Kaffee in einer Rührschüssel cremig rühren. Den restlichen Puderzucker nach und nach darübersieben und unterrühren, bis eine streichfeste Creme entsteht.

5 Die Kuchen begradigen und waagerecht halbieren. Die abgeschnittenen Teile fein zerbröseln. Einen großen Boden auf das Cake Board setzen und mit 3 EL Buttercreme bestreichen. Den zweiten großen Boden daraufsetzen, die Torte rundum mit Buttercreme einstreichen und 1 Std. kalt stellen. Mit den kleinen Böden ebenso verfahren. Die kleine Torte rundum mit den Kuchenbröseln bedecken und diese leicht in die Buttercreme drücken. Die Keksgrabsteine darauf platzieren und die Torte ebenfalls 1 Std. kalt stellen.

6 Die Kuvertüre grob hacken und in einer Schüssel über dem heißen Wasserbad schmelzen. Danach leicht abkühlen lassen. Die große Torte auf eine Tortenplatte setzen und mit der Kuvertüre übergießen, sodass am Rand kleine Schokoladennasen entstehen. Die Kuvertüre etwas abkühlen lassen, dann die kleine Torte mittig daraufsetzen und die Baiser-Geister rundum auf den Rand der großen Torte setzen.

Baiser-Geister: Die Baisermasse in den Spritzbeutel füllen und ca. 8 cm hohe Tupfen auf das Blech spritzen.

Grabsteine: Die geschmolzene weiße Schokolade in eine Spritztüte füllen und eine kleine Ecke abschneiden. Die Schokoladenseite der Kekse mit verschiedenen Namen und Jahreszahlen beschriften.

Den Teig rühren: Die Eier mit dem Zucker in einer Schüssel hellschaumig aufschlagen. Das Mehl und das Backpulver darübersieben und mit wenigen Umdrehungen des Rührgeräts unterheben.

Kuchenabschnitte zerbröseln: Die ausgekühlten Kuchen begradigen und waagerecht halbieren. Die Abschnitte fein zerbröseln und beiseitestellen.

Die große Torte verzieren: Die Torte auf eine Tortenplatte setzen und mit der leicht abgekühlten Kuvertüre übergießen, sodass am Rand kleine Schokoladennasen entstehen.

Die kleine Torte verzieren: Die Torte mit Kuchenbröseln bedecken und diese leicht in die Buttercreme drücken. Die Keksgrabsteine in die Brösel stecken und die Torte kalt stellen.

Mäusekuchen

Schwierigkeit: ●●●

Für 1 Torte (12 Stücke) | Pro Stück ca. 635 kcal, 9 g EW, 45 g F, 49 g KH

1 Std. Zubereitung, 55 Min. Backen, 2 Std. Kühlen

FÜR DEN TEIG:
125 g Zartbitterschokolade
   (mind. 70 % Kakaogehalt)
125 g Butter
4 Eier (M) | 125 g Zucker
125 g Mehl
½ Pck. Backpulver
200 g Crème fraîche

FÜR MOUSSE UND FÜLLUNG:
6 Blatt weiße Gelatine

300 g Doppelrahmfrischkäse
150 g Zucker
100 g Schokoladentropfen (Fertig-
   produkt)
400 g Sahne
3 Bananen

FÜR DIE DEKO:
50 g Kokosraspel
40 g Doppelrahmfrischkäse
20 g Zucker

6 lila Zuckerperlen
3 Zuckerherzen
6 Mandelblättchen
2 rote Fruchtgummischnüre

AUSSERDEM:
Springform (20 cm ⌀)
Butter für die Form

1 Den Backofen auf 180° vorheizen. Den Boden der Form mit Backpapier auslegen und den Rand einfetten. Für den Teig die Schokolade grob hacken und mit der Butter in einer Schüssel über dem heißen Wasserbad schmelzen. Danach abkühlen lassen. Eier und Zucker mit den Quirlen des Handrührgeräts hellschaumig aufschlagen. Mehl und Backpulver darübersieben und mit wenigen Umdrehungen des Rührgeräts untermischen. Schokobutter und Crème fraîche in zwei Portionen mit dem Teigschaber unterheben. Den Teig in die Form füllen, glatt streichen und im Ofen (Mitte) 50–55 Min. backen. Herausnehmen, leicht abgekühlt aus der Form lösen und ganz auskühlen lassen.

2 Für die Mousse die Gelatine ca. 10 Min. in kaltem Wasser einweichen. Danach in 50 ml warmem (nicht kochendem!) Wasser auflösen. Frischkäse und Zucker mit dem Handrührgerät verrühren. Zuerst 3 EL der Frischkäsecreme mit der aufgelösten Gelatine verrühren, dann die Gelatinemischung unter die restliche Creme rühren. Die Schokoladentropfen mit einem Teigschaber unterziehen. Die Sahne steif schlagen und unterheben.

3 Für die Füllung die Bananen schälen und in Scheiben schneiden. Das obere Drittel des Kuchens mit einem langen Messer abtrennen und beiseitelegen. Den Boden mit einem Löffel aushöhlen. Den abgeschnittenen und den ausgehöhlten Kuchenteil in einer Schüssel sehr fein zerbröseln. Die ausgehöhlte Torte mit den Bananenscheiben

belegen und die Frischkäsecreme kuppelartig daraufstreichen. Die Kuppel mit den Kuchenbröseln bedecken und die Torte ca. 2 Std. kalt stellen.

4 Für die Deko 40 g Kokosraspel mit Frischkäse und Zucker in einer Schüssel verrühren und daraus drei ovale, an einer Seite leicht zugespitzte Mäusekörper und ein Mäusehinterteil formen. An den Körpern je 2 Zuckerperlen als Augen, 1 Zuckerherz als Nase und 2 Mandelblättchen als Ohren anbringen. Für den Schwanz die Fruchtgummischnüre halbieren. Ein kleines Loch in die Mäusekörper und das Mäusehinterteil stechen und die Schnüre hineinschieben. Alle Mäuse mit den restlichen Kokosflocken bestreuen.

5 Die Torte auf eine Tortenplatte stellen und die drei Mäuse auf der Oberseite verteilen. Das Mäusehinterteil am unteren Rand platzieren, als ob die Maus gerade in den Kuchen schlüpft.

Ein Kuchenhügel aus *Frischkäsecreme*, Bananen und Schokoladenbröseln. Klar, dass die Mäuse da nicht weit sind.

Baumstammtorte

Schwierigkeit: ●●○

Für 1 Torte (12 Stücke) | Pro Stück ca. 470 kcal, 8 g EW, 34 g F, 34 g KH

1 Std. Zubereitung, 55 Min. Backen, 30 Min. Kühlen

FÜR DEN TEIG:
1 Bio-Orange
75 g weiche Butter
1 Prise Salz
175 g Zucker
3 Eier (M)
125 g Mehl
1 TL Backpulver
150 g gemahlene Haselnüsse

FÜR DIE GANACHE:
300 g Zartbitterschokolade
 (mind. 70 % Kakaogehalt)
300 g Sahne

FÜR DIE DEKO:
100 g Schokoladen-Cookies
200 g Marzipanrohmasse
rote und grüne Lebensmittelfarbe

Zucker zum Bestreuen
25 g geschälte, gehackte Pistazien
25 g Kakaopulver

AUSSERDEM:
Springform (20 cm ⌀)
Butter für die Form
Cake Board (20 cm ⌀)
Blatt-Silikonform (3–4 cm ⌀)

1 Den Backofen auf 180° vorheizen. Den Boden der Form mit Backpapier auslegen und den Rand einfetten. Für den Teig die Orange heiß abwaschen und abtrocknen. Die Schale abreiben und ca. 80 ml Saft auspressen. Butter, Salz und Zucker cremig rühren. Orangenschale und -saft zugeben und die Eier einzeln unterrühren. Mehl, Backpulver und Haselnüsse mit dem Teigschaber unterheben. Den Teig in die Form füllen, glatt streichen und im Ofen (Mitte) ca. 55 Min. backen. Herausnehmen, leicht abgekühlt aus der Form lösen und ganz auskühlen lassen.

2 Für die Ganache die Schokolade klein hacken und in eine Schüssel geben. Die Sahne in einem kleinen Topf erhitzen und über die Schokolade gießen. Alles ca. 3 Min. schmelzen lassen, dann mit dem Schneebesen zu einer glatten Masse verrühren. Die Ganache ca. 30 Min. bei Zimmertemperatur abkühlen lassen.

3 Den Kuchen auf das Cake Board setzen und rundherum mit der Ganache einstreichen. Mit einem kleinen Löffel eine Spirale in die Oberseite ziehen und die Ganache ca. 20 Min antrocknen lassen. Danach den Tortenrand für die Baumrindenoptik mit einer Gabel unregelmäßig längs einritzen.

4 Für die Deko die Schokoladen-Cookies fein zerbröseln und als Waldboden auf einer Tortenplatte verteilen, einige Brösel in den unteren Tortenrand drücken. Die Marzipanmasse weich kneten und ein Viertel der Marzipanmasse mit roter Lebensmittelfarbe einfärben. Die restliche Masse halbieren und eine Hälfte dunkelgrün einfärben. Aus dem grünen Marzipan Kügelchen formen und in die Silikonform drücken, bis diese komplett gefüllt ist und glatt abschließt. Die Blätter vorsichtig aus der Form drücken.

5 Aus dem roten Marzipan Pilzhüte formen und mit etwas Zucker bestreuen. Aus dem hellen Marzipan Pilzstiele formen und die Hüte daraufsetzen. Die Pilze und die Blätter auf der Torte und der Tortenplatte verteilen. Den Tortenrand für die Moosoptik mit den Pistazien verzieren. Für den wilden Waldeffekt das Kakaopulver mit den Fingern auf Oberseite und Rand der Torte, auf den Pilzen und den Blättern verteilen.

Eine tolle Torte für *Naturliebhaber* und Schokofans. Fehlt nur noch die Axt zum stilgerechten Portionieren!

Hexenspaß

Schwierigkeit: ●●●
Für 1 Torte (12 Stücke) | Pro Stück ca. 625 kcal, 5 g EW, 39 g F, 64 g KH
20 Min. Zubereitung, 55 Min. Backen

FÜR DEN TEIG:
125 g Zartbitterschokolade
  (mind. 70 % Kakaogehalt)
125 g Butter
4 Eier (M)
125 g Zucker
125 g Mehl
½ Pck. Backpulver
200 g Crème fraîche

FÜR DIE DEKO:
100 g schwarzer Fondant
Lebensmittelkleber
50 g grüner Fondant
gelbes Zuckerkonfetti
50 g weißer Fondant

FÜR DIE BUTTERCREME:
250 g weiche Butter
1 TL Vanilleextrakt

500 g Puderzucker
lila Lebensmittelfarbe

AUSSERDEM:
Springform (20 cm ∅)
Butter für die Form
3 Silikon-Muffinförmchen
3 Papierförmchen
Spritzbeutel mit Sterntülle
  (13 mm ∅)
Cake Board (20 cm ∅)

1 Den Backofen auf 180° vorheizen. Den Boden der Form mit Backpapier auslegen und den Rand einfetten. Die Muffinförmchen mit Papierförmchen auslegen. Für den Teig die Schokolade grob hacken und mit der Butter in einer Schüssel über dem heißen Wasserbad schmelzen. Danach abkühlen lassen. Eier und Zucker mit den Quirlen des Handrührgeräts hellschaumig aufschlagen. Mehl und Backpulver darübersieben und kurz untermischen. Schokobutter und Crème fraîche in zwei Portionen mit dem Teigschaber unterheben.

2 Die Muffinförmchen je zur Hälfte mit Teig füllen, den restlichen Teig in die Backform füllen und glatt streichen. Die Muffins im Ofen (Mitte) ca. 25 Min., den Kuchen ca. 55 Min. backen. Herausnehmen, Muffins und Kuchen leicht abgekühlt aus den Formen lösen und ganz auskühlen lassen.

3 Für die Deko den schwarzen Fondant weich kneten und sechs Schuhe und sechs Hüte formen. Für die Hüte Kegel formen und die Spitzen etwas zur Seite biegen. Die Kegel auf kleine, flache Scheiben aufkleben. Aus dem grünen Fondant sechs schmale Streifen formen und diese als Hutband um die Hutkegel kleben. Je 1 Zuckerkonfetti daraufdrücken.

4 Für die Beine aus dem weißen und dem restlichen grünen Fondant jeweils sechs dünne Stränge (ca. 10 cm) rollen. Je einen weißen und grünen Strang umeinanderwickeln und nochmals rollen, bis sie glatt verbunden sind. Die Schuhe an die Beine kleben.

5 Für die Buttercreme Butter und Vanilleextrakt in einer Schüssel mit dem Handrührgerät cremig rühren. Den Puderzucker nach und nach darübersieben und unterrühren, bis eine streichfeste Creme entsteht. 6 EL der Buttercreme mit lila Lebensmittelfarbe einfärben und in den Spritzbeutel füllen.

6 Den Kuchen begradigen, auf das Cake Board setzen und rundum glatt mit Buttercreme einstreichen. Die Muffins mit der lila Buttercreme verzieren, die restliche Creme als Tuff auf die Torte spritzen. Auf Muffins und Tuff je einen Hexenhut setzen. In zwei Muffins je ein Beinpaar stecken und die Muffins auf der Torte verteilen. Die restlichen Hüte an den Rand der Torte setzen und das restliche Beinpaar am Tortenrand befestigen. Die Torte zuletzt mit Zuckerkonfetti dekorieren.

UMWERFEND NEUE TORTEN

In der bunten Welt der Motivtorten wird es nie
langweilig, so viel ist sicher. Was heute in ist, kennt
morgen schon jeder Tortenprofi. Also Augen auf
und immer nach neuen Ideen suchen.

Kunst an der Torte

Tortenläden bieten ein schier endloses Sortiment an Zucker-perlen, Ausstechern und Farben. Daneben gibt es immer neue Techniken und Ideen, um Torten noch schöner zu machen.

Cake Lace

Essbare Spitze ist elastisch, lässt sich schneiden und ist ein echter Hingucker. Je nach Anbieter unterscheidet sich jedoch die Anwendung: Bei einigen muss man aus Pulver und Wasser eine Paste anrühren, andere verkaufen die Dekorpaste fix und fertig. Die Masse wird mit einer Teigkarte sorgfältig auf eine Bordüre-Matte gestrichen. Dabei müssen alle Vertiefungen gut gefüllt sein. Dann wird das überschüssige Gel mit der Karte abgenommen und die Matte entweder im Backofen oder bei Zimmer-temperatur getrocknet. Den Mix gibt es in knackigen Farben sowie in Gold und Silber.

Essbares Papier

Esspapier besteht aus Stärke und Zucker. Das Papier ist geschmacksneutral und lässt sich sogar bedrucken. Die Kartuschen mit den Lebensmittelfarben kann man für den Heimgebrauch sogar in einige Standarddrucker ein-legen, ganz wie normale Farbpatronen.

Neue Blüten

Alles nur keine Rosen – filigran, verspielt und natur-getreu war einmal. In Sachen Blume und Blüte ist mini-malistisch gerade in. Und da können Herr und Frau Tortenbäcker richtig kreativ werden: Ob gedrehte Fondantschlangen, gestapelte Kreisformen oder gezackte Schnitte aus Blütenpaste, lasst eurer Fantasie freien Lauf!

Stempel und Farbe

Mit Stempel und Lebensmittelfarbe-Stempelkissen lassen sich Fondantkreationen ganz einfach bedrucken. Neben London-Bus-Stempeln und Disney-Figuren können auch Alltagsgegenstände, Obst und Gemüse als Stempel ge-nutzt werden und ergeben interessante Effekte.

Wachspapier und Scherenschnitte

Mit Wachspapier und Fondant kann man sehr persönli-che Muster gestalten und auf die Torte auftragen. Dafür rollt man den Fondant auf dem Wachspapier aus, schnei-det zu, lässt das Motiv antrocknen und zieht es ab. Die Fondant-Scherenschnitte lassen sich dann einfach auf der Torte anbringen. Zum Herstellen der Schnitte kann man mit einem Präzisionsmesser und viel Geduld arbeiten – oder man benutzt eine Scherenschnittmaschine. Das geniale Gerät ähnelt einem Drucker und schneidet aus Zuckerpasten Formen und Figuren aus. Einfach toll!

Piping Gel

Blut für die Operationstorte, Wasser für die Poolland-schaft oder Spiegel für Cinderellas Schloss – Piping Gel ist die Lösung. Das zähflüssige Gel besteht aus Glukose-sirup, Gelatine und Wasser. Es ist farblos, geruchs- und geschmacksneutral und lässt sich toll einfärben. Man kann das Gel selbst anrühren oder fix und fertig kaufen.

Tortenschablonen

Schablonen sind nichts Neues. Aber seit Airbrush und Torte Freundschaft geschlossen haben, ergeben sich ganz neue Möglichkeiten: Ornamente, Schriftzüge, Muster, Logos … es gibt unzählige Schablonen-Varianten. Damit lassen sich Torten, Cupcakes und anderes Gebäck ohne großen Aufwand in Szene setzen. Die Schablonen ein-fach auflegen und mit Royal Icing (siehe S. 18), Puder-zucker oder Glasur überziehen. Für Airbrush-Muster sind weiche, biegsame Modelle ideal. Man kann sie leich-ter auch am Tortenrand befestigen und hat dann die Hände frei zum Sprühen. Interessante Muster entstehen auch, wenn zwischen Schablone und Farbe ein weiteres Material, wie z. B. Spitze, gehalten wird.

Cake Frames

Cake Frames geben eigenen Tortenkreationen sicheren Stand. Die Sets enthalten einzelne Bauteile, die nach individuellen Bedürfnissen und Wünschen zusammen-gesetzt werden können. Der Tortenrahmen verschwindet beim Zusammensetzen dann in der Torte. Mit diesem genialen Werkzeug ist fast alles möglich.

Goldrausch

Schwierigkeit: ●●○

Für 1 Torte (24 Stücke) | Pro Stück ca. 635 kcal, 6 g EW, 40 g F, 61 g KH
1 Std. 30 Min. Zubereitung, 55 Min. Backen, 1 Std. Kühlen

FÜR DEN TEIG:
250 g Zartbitterschokolade
   (mind. 70 % Kakaogehalt)
250 g Butter
8 Eier (M) | 250 g Zucker
250 g Mehl | 1 Pck. Backpulver
400 g Crème fraîche

FÜR DIE GANACHE:
200 g Zartbitterschokolade
   (mind. 70 % Kakaogehalt)
200 g Sahne

FÜR DIE KARAMELLCREME:
100 g Zucker
200 g Sahne
400 g Mascarpone
30 ml Sahnelikör (z. B. Baileys)

FÜR DIE DEKO:
850 g weißer Fondant

AUSSERDEM:
2 Springformen (20 cm ∅)
Butter für die Formen

Cake Board (20 cm ∅)
Airbrush-Gerät
schwarze und goldene Airbrush-Farbe
Punkte-Schablone
Stecknadeln

1 Den Backofen auf 180° vorheizen. Die Böden der Formen mit Backpapier auslegen und die Ränder einfetten. Für den Teig die Schokolade grob hacken und mit der Butter in einer Schüssel über dem heißen Wasserbad schmelzen. Danach abkühlen lassen. Eier und Zucker mit den Quirlen des Handrührgeräts hellschaumig aufschlagen. Mehl und Backpulver darübersieben und kurz untermischen. Schokobutter und Crème fraîche in zwei Portionen unterheben. Den Teig in die Formen füllen, glatt streichen und im Ofen (Mitte) 50–55 Min. backen. Herausnehmen, leicht abgekühlt aus den Formen lösen und ganz auskühlen lassen.

2 Für die Ganache die Schokolade klein hacken und in eine Schüssel geben. Die Sahne erhitzen und über die Schokolade gießen. Alles ca. 3 Min. schmelzen lassen, dann mit dem Schneebesen zu einer glatten Masse verrühren. Die Ganache ca. 30 Min. bei Zimmertemperatur abkühlen lassen. Danach mit dem Handrührgerät ca. 2 Min. aufschlagen.

3 Für die Karamellcreme 75 g Zucker mit 2 TL Wasser in einem Topf bei mittlerer Hitze karamellisieren lassen. Dann 50 g Sahne dazugießen und mit dem Schneebesen durchrühren. Den Karamell abkühlen lassen. Mascarpone, Likör und restlichen Zucker verrühren. Den Karamell unterrühren. Die restliche Sahne steif schlagen und mit dem Schneebesen unter die Creme heben.

4 Die Kuchen begradigen und waagerecht halbieren. Einen Boden auf das Cake Board setzen und mit einem Drittel der Creme bestreichen. Mit dem zweiten Boden und dritten Boden wiederholen. Den letzten Boden auflegen und die Torte rundum mit der Ganache einstreichen. Ca. 1 Std. kalt stellen.

5 Für die Deko den Fondant weich kneten, dünn ausrollen und die Torte damit einschlagen. Das Airbrush-Gerät mit schwarzer Farbe befüllen und die Torte mit ausreichend Abstand rundum schwarz besprühen. Die Farbe trocknen lassen und das Airbrush-Gerät nach Herstellerangabe reinigen.

6 Danach die Punkte-Schablone mit Stecknadeln am unteren Tortenrand befestigen. Das Airbrush-Gerät mit goldener Farbe befüllen und das Muster mit ausreichend Abstand aufsprühen. Dabei auch den oberen Rand und die Oberfläche der Torte gold besprühen. Antrocknen lassen und die Schablone lösen. So fortfahren und den gesamten Rand rundum verzieren. Trocknen lassen.

Ob gold oder kunterbunt, Muster und Botschaften lassen sich mit Schablone und *Airbrush-Gerät* ganz einfach auf die Torte bringen.

Primaballerina

Schwierigkeit: ●●●

Für 1 Torte (20 Stücke) | Pro Stück ca. 850 kcal, 6 g EW, 32 g F, 134 g KH

1 Std. 30 Min. Zubereitung, 55 Min. Backen, 1 Std. Kühlen

FÜR DEN TEIG:
2 Bio-Orangen
125 g weiche Butter
1 Prise Salz | 300 g Zucker
5 Eier (M)
200 g Mehl | 1 Pck. Backpulver
250 g gemahlene Haselnüsse

FÜR DIE BEERENMOUSSE:
8 Blatt weiße Gelatine
300 g gemischte Beeren
100 g Zucker
150 g Joghurt (3,5 % Fett)
3 EL Cassislikör (nach Belieben)
250 g kalte Sahne

FÜR DIE BUTTERCREME:
250 g weiche Butter
1 TL Vanilleextrakt
500 g Puderzucker

FÜR DIE DEKO:
2 Rezepte Royal Icing (siehe S. 18)
pinke Lebensmittelfarbe (Gel oder Pulver)
700 g rosa Fondant
500 g weißer Fondant
5 weiße Marshmallows (4 cm ∅)
Lebensmittelkleber
3 EL pinker Glitzerzucker

AUSSERDEM:
2 Springformen (15 und 20 cm ∅)
Butter für die Formen
Spritzbeutel mit Lochtülle (4 mm ∅)
Spritzbeutel mit Sterntülle (4 mm ∅)
Musterstempel (Pattern Press)
2 Cake Boards (15 und 20 cm ∅)
8 Holzstäbchen (20 cm lang)
5 rosa Pralinenförmchen
5 Zahnstocher

1 Den Backofen auf 180° vorheizen. Die Böden der Formen mit Backpapier auslegen und die Ränder einfetten. Für den Teig die Orangen heiß abwaschen und abtrocknen. Die Schale abreiben und ca. 80 ml Saft auspressen. Butter, Salz und Zucker cremig rühren. Orangenschale und Orangensaft zugeben und die Eier einzeln unterrühren. Mehl, Backpulver und Haselnüsse unterheben. Den Teig in die Formen füllen und glatt streichen. Im Ofen (Mitte) 35–40 Min. (15-cm-Form) und 50–55 Min. (20-cm-Form) backen. Leicht abgekühlt aus den Formen lösen und ganz auskühlen lassen.

2 Für die Beerenmousse die Quirle des Handrührgeräts 15 Min. tiefkühlen. Inzwischen die Gelatine in kaltem Wasser einweichen. Die Beeren waschen, trocken tupfen und putzen. Dann pürieren und das Püree durch ein feines Sieb streichen. Das Beerenpüree mit dem Zucker in einem Topf unter Rühren erhitzen, bis sich der Zucker aufgelöst hat. Den Topf vom Herd nehmen, die Gelatine gut ausdrücken und unterrühren. Das Püree in eine Schüssel füllen und ca. 15 Min. abkühlen lassen. Joghurt und nach Belieben Likör verrühren. Die Sahne mit den gekühlten Quirlen steif schlagen. Joghurt und Schlagsahne unter das Beerenpüree heben.

3 Für die Buttercreme Butter und Vanilleextrakt cremig rühren. Den Puderzucker nach und nach darübersieben und unterrühren, bis eine streichfeste Creme entsteht. Die Böden begradigen und waagerecht halbieren. Beide Böden mit der Mousse füllen und rundum dünn mit Buttercreme einstreichen. Ca. 1 Std. kalt stellen.

4 Für die Deko das Royal Icing zart pink einfärben und je zur Hälfte in die beiden Spritzbeutel füllen. Die Fondants weich kneten und dünn ausrollen. Die große Torte rosa, die kleine weiß einschlagen. Mit dem Stempel das Muster in die Tortenränder drücken. Die Torten jeweils mit etwas Icing auf den Cake Boards fixieren und mit den Holzstäbchen zu einer zweistöckigen Torte zusammensetzen (siehe S. 18–19).

5 Die Tortenränder entsprechend der Muster mit Icing (Lochtülle) einspritzen, einzelne Teile mit dem Icing mit Sterntülle hervorheben. Die Torte auf eine Platte setzen und den Spalt zwischen beiden Torten und zwischen Torte und Tortenplatte mit Icing (Sterntülle) verdecken. Für die Ballerinas die Pralinenförmchen umstülpen und auf die Zahnstocher stechen. Je 1 Marshmallow daraufstecken, mit etwas Kleber befeuchten und mit Glitzerzucker bestreuen. Die Tänzerinnen auf der Torte verteilen.

Mein Tortenalbum

Schwierigkeit: ●●◌

Für 1 Torte (28 Stücke) | Pro Stück ca. 810 kcal, 5 g EW, 35 g F, 119 g KH
1 Std. 30 Min. Zubereitung, 50 Min. Backen, 2 Std. Trocknen, 1 Std. Kühlen

FÜR DIE DEKO:
500 g weißer Fondant
2 TL CMC
Goldspray
1,5 kg mintgrüner Fondant
große weiße Zuckerperlen
essbares Papier
schwarzer Lebensmittelstift
Lebensmittelkleber

FÜR DEN TEIG:
500 g weiche Butter
1 Prise Salz

500 g Zucker
2 TL Vanilleextrakt
10 Eier (M)
500 g Mehl
1 Pck. Backpulver

FÜR BUTTERCREME UND FÜLLUNG:
500 g Butter
2 TL Vanilleextrakt
1 kg Puderzucker
rosa, gelbe und fliederfarbene Lebens-
    mittelfarbe (Gel oder Pulver)
400 g Himbeeren

AUSSERDEM:
2 Bilderrahmen-Silikonformen
3 Springformen (10, 15 und
    20 cm ∅)
Butter für die Formen
Spritzbeutel mit Sterntülle (6 mm ∅)
Cake Boards (10, 15 und 20 cm ∅)
20 Holzstäbchen (20 cm lang)

1 Den weißen Fondant weich kneten und das CMC unterkneten. Aus dem Fondant mit den Silikonformen zehn verschiedene Bilderrahmen modellieren und die Hälfte davon hauchdünn mit Goldspray besprühen. Die Rahmen ca. 2 Std. trocknen lassen.

2 Den Backofen auf 180° vorheizen. Die Böden der Formen mit Backpapier auslegen und die Ränder einfetten. Für den Teig Butter, Salz, Zucker und Vanilleextrakt cremig rühren. Die Eier einzeln einrühren. Mehl und Backpulver darübersieben und alles zu einem glatten Teig verrühren. Den Teig in die Formen füllen, glatt streichen und im Ofen (Mitte) 25–30 Min. (10-cm-Form), 35–40 Min. (15-cm-Form) und 45–50 Min. (20-cm-Form) backen. Die Kuchen leicht abgekühlt aus den Formen lösen und ganz auskühlen lassen.

3 Für die Buttercreme Butter und Vanille cremig rühren. Den Puderzucker nach und nach darübersieben und rühren, bis eine streichfeste Creme entsteht. 5 EL davon in den Spritzbeutel füllen und beiseitelegen. Die restliche Creme vierteln und je ein Viertel rosa, zartgelb und fliederfarben einfärben. Das restliche Viertel hell belassen. Die Himbeeren verlesen, waschen und trocken tupfen.

4 Die Kuchen begradigen und waagerecht halbieren. Jeweils einen Boden mit einer gefärbten Buttercreme (einen rosa, einen gelb, einen flieder) bestreichen, mit den Himbeeren belegen und wieder zusammensetzen. Die Torten danach mit der ungefärbten Buttercreme rundum glatt einstreichen und ca. 1 Std. kalt stellen.

5 Den mintgrünen Fondant weich kneten und dünn ausrollen. Die drei Torten damit einschlagen. Die Torten jeweils mit etwas Buttercreme auf den Cake Boards fixieren und mit den Holzstäbchen zu einer dreistöckigen Torte zusammensetzen (siehe S. 18–19).

6 Die Spalte zwischen den Torten mit der übrigen Buttercreme verdecken. Die Zuckerperlen mit Lebensmittelkleber jeweils in zwei Reihen um die Tortenetagen herum befestigen. Vier Stücke Esspapier beschriften und mit Kleber in vier Fondantbilderrahmen befestigen. Die restlichen Rahmen leer lassen. Die Bilderrahmen mit Kleber an der Torte befestigen.

Tipp

Sie möchten die Torte besonders individuell gestalten? Dann bedrucken Sie einige Stücke Esspapier mit persönlichen Fotos und kleben Sie diese in die Fondantrahmen.

Covergirl

Schwierigkeit: ●●○

Für 1 Torte (32 Stücke) | Pro Stück ca. 765 kcal, 7 g EW, 33 g F, 109 g KH
2 Std. Zubereitung, 2 Std. Trocknen, 1 Std. Backen, 1 Std. Kühlen

FÜR DIE DEKO:
je 100 g gelbe, grüne, blaue und rosa
    Blütenpaste
Lebensmittelkleber
weiße Zuckerperlen
3 Becher Cake-Lace-Mix (à 100 g,
    z. B. von Städter)
2,2 kg rosa Fondant

FÜR DEN TEIG:
600 g weiche Butter
1 Prise Salz | 600 g Zucker
3 TL Vanilleextrakt

12 Eier (M)
600 g Mehl | 1 ½ Pck. Backpulver

FÜR DIE BEERENMOUSSE:
16 Blatt weiße Gelatine
600 g gemischte Beeren
200 g Zucker
300 g Joghurt (3,5 % Fett)
6 EL Cassislikör (nach Belieben)
500 g kalte Sahne

FÜR DIE HELLE GANACHE:
400 g weiße Schokolade

200 g Sahne
abgeriebene Schale von 1 Bio-Limette

AUSSERDEM:
Blüten-Silikonformen (2 und
    4 cm ∅)
Bordüre-Matte
3 Springformen (15, 20 und
    24 cm ∅)
Butter für die Formen
Spritzbeutel mit Sterntülle (6 mm ∅)
Cake Boards (15, 20 und 24 cm ∅)
16 Holzstäbchen (20 cm lang)

1 Für die Deko die Blütenpasten dünn ausrollen und mit den Silikonformen Blüten in zwei Größen ausstechen. Einige Blüten zu gefüllten Blüten zusammensetzen und Zuckerperlen in die Mitte aller Blüten kleben. Die Blüten ca. 2 Std. trocknen lassen.

2 Inzwischen den Backofen auf 80–100° vorheizen. Den Cake-Lace-Mix mit einem Teigschaber gleichmäßig auf der Bordüre-Matte verteilen und im Ofen (Mitte) 30–40 Min. trocknen, bis die gewünschte Konsistenz erreicht ist. Die Spitze vorsichtig aus der Matte lösen und bis zur Verwendung in Frischhaltefolie wickeln. So fortfahren und Spitze für drei Torten herstellen.

3 Den Backofen auf 180° vorheizen. Die Böden der Formen mit Backpapier auslegen und die Ränder einfetten. Für den Teig Butter, Salz, Zucker und Vanilleextrakt cremig rühren. Die Eier einzeln einrühren. Mehl und Backpulver darübersieben und alles zu einem glatten Teig verrühren. Den Teig in die Formen füllen, glatt streichen und im Ofen (Mitte) 35–40 Min. (15-cm-Form), 45–50 Min. (20-cm-Form) und ca. 1 Std. (24-cm-Form) backen. Die Kuchen leicht abgekühlt aus den Formen lösen und ganz auskühlen lassen.

4 Für die Beerenmousse die Quirle des Handrührgeräts 15 Min. tiefkühlen. Inzwischen die Gelatine in kaltem Wasser einweichen. Die Beeren waschen, trocken tupfen und putzen. Dann pürieren und durch ein feines Sieb streichen. Beerenpüree und Zucker in einem Topf unter Rühren erhitzen, bis sich der Zucker aufgelöst hat. Vom Herd nehmen und die ausgedrückte Gelatine unterrühren. Das Püree in einer Schüssel ca. 15 Min. abkühlen lassen. Joghurt und nach Belieben Likör verrühren. Die Sahne steif schlagen, beides unter das Beerenpüree heben und die Mousse ca. 1 Std. kalt stellen.

5 Für die Ganache die Schokolade klein hacken und in eine Schüssel geben. Die Sahne erhitzen, darübergießen und ca. 3 Min. schmelzen. Die Limettenschale zugeben und glatt verrühren. Die Ganache ca. 30 Min. bei Zimmertemperatur abkühlen lassen. Danach ca. 2 Min. mit dem Handrührgerät aufschlagen.

6 Die Kuchen begradigen und waagerecht halbieren. Die Böden mit der Mousse füllen und rundum dünn mit Ganache einstreichen. Den rosa Fondant weich kneten, dünn ausrollen und die Torten damit einschlagen. Die Spitze mit Kleber an den Böden befestigen. Die Torten mit etwas Ganache auf den Cake Boards fixieren und mit den Holzstäbchen zu einer dreistöckigen Torte zusammensetzen (siehe S. 18–19). Die Blüten ankleben.

Winter-
Wunderland

Arktis oder Spiegelschrank? Eis, Wasserflächen, Spiegel & Co. lassen sich mit
Piping Gel wunderbar gestalten.

Winter-Wunderland

Schwierigkeit: ● ● ●
Für 1 Torte (16 Stücke) | Pro Stück ca. 900 kcal, 5 g EW, 38 g F, 134 g KH
2 Std. Zubereitung, 2 Std. Trocknen, 1 Std. 20 Min. Backen, 1 Std. Kühlen

FÜR DIE DEKO:
100 g schwarzer Fondant
1 TL CMC
1,5 kg weißer Fondant
25 g oranger Fondant
Lebensmittelkleber
schwarzer Lebensmittelstift
5 EL Piping Gel
blaue Lebensmittelfarbe
3 TL hellblauer Glitzerzucker

FÜR DEN HALBKUGEL-KUCHEN:
1 Bio-Orange
25 g weiche Butter

1 Prise Salz | 60 g Zucker
1 Ei (M)
45 g Mehl | 1 TL Backpulver
50 g gemahlene Haselnüsse

FÜR DEN RECHTECKIGEN KUCHEN:
125 g Zartbitterschokolade
 (mind. 70 % Kakaogehalt)
125 g Butter
4 Eier (M) | 125 g Zucker
125 g Mehl
½ Pck. Backpulver
200 g Crème fraîche

FÜR DIE BUTTERCREME:
½ Bio Zitrone
250 g weiche Butter
500 g Puderzucker

AUSSERDEM:
halbkugelförmige Metallschüssel
 (10 cm ⌀)
Butter und Mehl für die Schüssel
Backform (20 × 30 cm)
Butter für die Form
Veining Tool
Bindfaden (10 cm lang)
1 Zahnstocher

1 Für die Deko den schwarzen Fondant weich kneten und CMC unterkneten. Daraus fünf Pinguinkörper und zehn Flügel formen. 25 g weißen Fondant ausrollen und zehn kleine Kreise für die Augen und fünf Ovale für den Bauch ausschneiden. Aus dem orangen Fondant fünf Schnäbel und zehn Füße formen. Die Pinguine zusammenkleben und die Augen mit Lebensmittelstift aufzeichnen. Ca. 2 Std. trocknen lassen.

2 Den Backofen auf 180° vorheizen. Die Schüssel einfetten und mit Mehl ausstäuben, die Form einfetten. Für den Halbkugel-Kuchen die Orange heiß abwaschen, abtrocknen, 1 EL Schale abreiben und 25 ml Saft auspressen. Butter, Salz und Zucker cremig rühren. Schale, Saft und Ei unterrühren. Mehl, Backpulver und Nüsse unterheben. Den Teig in die Schüssel füllen, glatt streichen und im Ofen (Mitte) ca. 25 Min. backen. Leicht abgekühlt aus der Schüssel lösen und ganz auskühlen lassen.

3 Für den rechteckigen Kuchen die Schokolade grob hacken und mit der Butter in einer Schüssel über dem heißen Wasserbad schmelzen, dann abkühlen lassen. Eier und Zucker hellschaumig aufschlagen. Mehl und Backpulver darübersieben und kurz untermischen. Schokobutter und Crème fraîche in zwei Portionen unterheben. Den Teig in die Form füllen, glatt streichen und im Ofen (Mitte) 50–55 Min. backen. Leicht abgekühlt aus der Form lösen und auskühlen lassen.

4 Für die Buttercreme die Zitrone heiß abwaschen, abtrocknen, die Schale abreiben und den Saft auspressen. Beides mit der Butter cremig rühren. Den Puderzucker nach und nach unterrühren, bis eine streichfeste Creme entsteht. Den Halbkugel-Kuchen waagerecht halbieren und mit 2 EL Creme füllen. Aus dem eckigen Kuchen mit einem Löffel ca. 2 cm tief einen kleinen See ausheben. Dann beide Kuchen rundum mit Buttercreme einstreichen und ca. 1 Std. kalt stellen.

5 Den restlichen weißen Fondant weich kneten, dünn ausrollen und beide Kuchen damit einschlagen. Dabei den See herausarbeiten. Den restlichen Fondant in Frischhaltefolie wickeln. Für das Iglu in den Halbkugel-Kuchen mit dem Veining Tool von unten nach oben Kreise, dann von oben nach unten Linien ziehen. Das Iglu auf den eckigen Kuchen setzen. Aus Faden und Zahnstocher eine Angel basteln und am Flügel eines Pinguins befestigen. Das Piping Gel blau einfärben und in den See füllen. Den Pinguin mit Angel an den See stellen, die restlichen auf dem Kuchen verteilen.

6 Aus den weißen Fondantresten eine Umrandung für den See und Schneebälle formen. Auf die Torte kleben. Die Torte und das Iglu an mehreren Stellen mit Kleber befeuchten und mit Glitzerzucker bestreuen.

Augen und Bauch zuschneiden: 25 g weißen Fondant weich kneten, dünn ausrollen und zehn kleine Kreise für die Augen und fünf Ovale für den Bauch ausschneiden.

Pinguine formen: Den schwarzen Fondant mit dem CMC verkneten. Aus dem Fondant dann fünf Pinguinkörper und zehn Flügel formen.

Pinguine zusammensetzen: Die Pinguinkörper mit Lebensmittelkleber zusammensetzen und die Augen mit Lebensmittelstift aufzeichnen. Mindestens 2 Std. trocknen lassen.

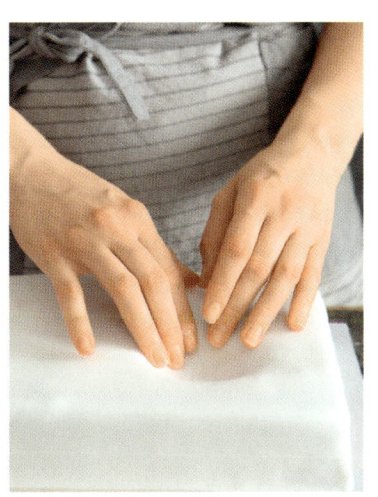

Das Iglu-Muster einritzen: In den eingeschlagenen Halbkugel-Kuchen mit dem Veining Tool zuerst von unten nach oben Kreise einritzen. Dann von oben nach unten senkrecht versetzte Linien für die Eisblöcke aufzeichnen.

See formen: Den rechteckigen Kuchen mit dem ausgerollten weißen Fondant einschlagen. Dabei den See mit den Fingern deutlich herausarbeiten.

Den See befüllen: Das Piping Gel mit blauer Lebensmittelfarbe einfärben, dann in den See füllen.

Einfach ohne

Schwierigkeit: ●●●

Für 4 Mini-Torten | Pro Stück ca. 1230cal, 15 g EW, 54 g F, 172 g KH

45 Min. Zubereitung, 30 Min. Backen

FÜR DEN TEIG:
200 g weiche Butter
1 Prise Salz
200 g Zucker
1 TL Vanilleextrakt
4 Eier (M)
200 g Mehl
½ Pck. Backpulver

rote, blaue, gelbe und grüne Lebensmittelfarbe (Gel oder Pulver)

FÜR DIE DEKO:
1 Rezept Royal Icing (siehe S. 18)
125 g kleine Schokolinsen (z. B. Mini Smarties)

AUSSERDEM:
4 Mini-Backformen (13 × 7 cm)
Butter für die Formen
Spritztüte (siehe S. 39)
Kreisausstecher (1,5 cm ⌀)

1 Den Backofen auf 180° vorheizen und die Formen einfetten. Für den Teig Butter, Salz, Zucker und Vanilleextrakt in einer Schüssel cremig rühren. Die Eier einzeln einrühren. Mehl und Backpulver darübersieben und alles zu einem glatten Teig verrühren.

2 Den Teig in vier Portionen teilen und diese mit Lebensmittelfarbe rot, blau, gelb und grün einfärben. Die Teige in die Formen füllen, glatt streichen und im Ofen (Mitte) ca. 30 Min. backen. Die Kuchen leicht abgekühlt aus den Formen lösen und ganz auskühlen lassen.

3 Die Kuchen bei Bedarf begradigen, dann jeden Kuchen waagerecht in drei Böden schneiden. Pro Kuchen bei einem Boden in der Mitte ein Rechteck (4 × 10 cm) ausschneiden und daraus mit dem Ausstecher sechs kleine Kreise ausstechen.

4 Für die Deko das Royal Icing in die Spritztüte füllen und eine kleine Ecke abschneiden. Zum Zusammensetzen der Törtchen jeweils einen Boden mit einem dünnen Streifen Royal Icing umranden und den ausgeschnittenen Boden daraufsetzen. Mit einem Viertel der Schokolinsen füllen und den Rand mit einer dünnen Schicht Royal Icing einspritzen. Den dritten Boden daraufsetzen und leicht andrücken. Zuletzt die kleinen Teigkreise mit Icing auf die Oberfläche der Törtchen kleben.

Tipp

Auch ohne Fondant, Marzipan und Buttercreme kann man tolle Torten backen: Diese »Naked Cakes« sind eine echte Versuchung für Puristen und Nacktbäcker!

Das Torten-Abc

AGAR-AGAR

Pflanzliches Binde- und Geliermittel für alle, die ganz ohne Tier backen wollen.

AIRBRUSH-GERÄT

Ein echtes Traumwerkzeug für Tortenkünstler. Vom Ombré-Farbeffekt über karge Mondlandschaften bis hin zu schnellen Mustern mit Schablonen sind der Kreativität keine Grenzen gesetzt. Mit dieser speziellen »Spritzpistole« lassen sich ganze Torten oder auch nur einzelne Elemente farblich gestalten. Für das Gerät verwendet man spezielle Airbrush-Lebensmittelfarben.

BACKPULVER

Backtriebmittel für die Kuchenbäckerei. Bei großen Teigmengen, wie zum Beispiel bei Böden für Motivtorten, ist Weinsteinbackpulver ideal. Im Vergleich zu herkömmlichem Backpulver besticht es durch seinen milden Geschmack. Die damit gebackenen Tortenböden schmecken nicht stumpf.

BÄCKERSTÄRKE

Diese besonders feine Speisestärke besteht aus Kartoffelstärke. Zu haben ist sie im Internet (z. B. bei Städter). Durch ihre Feinheit ist sie besonders gut zum Ausrollen von Fondant & Co. geeignet, da sie das Ankleben verhindert und sich nicht mit dem Fondant verbindet. Im Notfall kann man sie durch Puderzucker ersetzen.

BALLTOOL

Modellierwerkzeug in Stäbchenform mit einer Kugel an jedem Ende. Damit werden vor allem Blüten modelliert.

BISKUITBODEN

Lockerer Kuchenboden aus geschlagenem Ei und Zucker mit wenig Mehl.

BLADETOOL

Werkzeug mit einer kleinen, nicht zu scharfen Klinge auf der einen und einer Muschel auf der anderen Seite. Sehr praktisch zum Schneiden und Einritzen von Fondant.

BLÜTENPASTE

Sehr elastische Zuckermasse (engl. »gum paste«), die sich sehr dünn ausrollen und formen lässt. Daher ist sie ideal zum Modellieren von Figuren und Blüten geeignet.

BLÜTENSTAUB UND BLÜTENPOLLEN

Sehr spezielles Zubehör zum Herstellen von Zuckerblüten. Pollen, Stempel und Stab für realistische Effekte gibt es im Spezialhandel (siehe S. 163).

BUTTERCREME

Streichfeste Creme aus Butter und Puderzucker. Sie ist ideal zum Füllen, Verzieren und Ummanteln von Torten.

CAKE BOARD

Unterlage für die Torte aus Karton oder Kunststoff. Gibt es dick, dünn sowie und in vielen Formen und Größen.

CAKE DRUM

Dickeres Cake Board, das der Torte eine stabile Basis bietet. Die meisten Torten werden darauf präsentiert. Handelsübliche Modelle sind oft gold- oder silberfarben überzogen und passen nicht unbedingt zu der Torte, die man kreiert. Für einen schönen Gesamteindruck ist es deshalb empfehlenswert, das Cake Drum mit Fondant zu überziehen.

CAKE POPS

Kleine Kuchenkugeln am Stiel, meist überzogen und bunt verziert.

CAKE-POP-STIELE

Spezielle Stäbchen aus Papier, Holz oder Kunststoff. Sie werden in die Cake Pops gesteckt.

CANDY MELTS

Die Schmelzdrops eignen sich perfekt zum Überziehen von Cake Pops, Kuchen und Cookies. Sie trocknen schnell, werden rasch fest und sind in vielen tollen Farben erhältlich.

CMC

Das Bindemittel CMC (Carboxymethylcellulose) macht Fondant elastisch und kann auch zur Herstellung von Lebensmittelkleber verwendet werden. Dafür 1 TL CMC mit 4 TL Wasser verrühren. CMC gibt es in der Apotheke oder in gut sortierten Supermärkten. Eine günstige Alternative dazu ist Kukident-Haftpulver extra stark.

CRIMPER

Kneifer zum Formen von Fondant

DUMMY
Styroportorte zum Üben

ESSBARE SPITZE
Dieses zarte Wunderwerk wird mit einer Silikonmatte (Bordüren-Matte) und speziellem Gel gebacken. Die Tortenspitze ist elastisch und schneidbar. Toll in Weiß für Hochzeitstorten oder in Schwarz für Halloween.

EXTRUDER
Eine Art Presse mit verschiedenen Aufsätzen, durch die z. B. Fondant in unterschiedliche Formen gepresst wird.

FONDANT
Zuckerpaste zum Eindecken von Torten und zum Formen einfacher Figuren. Fondant ist einfach zu handhaben und sehr flexibel, aber geschmacklich nicht jedermanns Sache. Eine Alternative dazu ist Marzipan.

GANACHE
Mischung aus Schokolade und Sahne zum Füllen oder Einstreichen von Torten

GLITZERSPRAY
Das essbare und leicht anzuwendende Spray (engl. »lustre spray«) zaubert einen tollen Glanz auf Kuchen, Blüten und Cupcakes.

GLYZERIN
Wird benutzt, um Fondant und Blütenpaste formbarer und elastischer zu machen.

HOLZSTÄBCHEN
Sie werden zum Aufbau von mehrstöckigen Torten benötigt. Die Stäbchen lassen sich gut kürzen und sind sehr preisgünstig zu haben. Alternativen dazu sind Dübelstifte oder stabile Trinkhalme.

ICING ODER ROYAL ICING
Spritzfeste Masse aus Eiweiß und Puderzucker. Damit lassen sich auch feine Verzierungen auf Torten und Keksen anbringen.

KUKIDENT-HAFTPULVER EXTRA STARK
siehe CMC

LACE ODER CAKE LACE
siehe essbare Spitze

LEBENSMITTELKLEBER
Dieser essbare Kleber, auch Zuckerkleber (engl. »edible glue«) genannt, besteht aus CMC und Wasser. Er ist geschmacksneutral und klebt perfekt. Man kann ihn fertig kaufen oder selbst anmischen, siehe CMC.

LEBENSMITTELFARBEN
Flüssig, als Pulver oder Gel zu haben. Zum Färben von Fondant am besten Pulver oder Gel verwenden.

LEVELING
Dieser Fachbegriff bedeutet, den Kuchen oder Tortenboden zu begradigen. Das empfiehlt sich sehr, denn Unebenheiten zeichnen sich im Fondantüberzug oder in der aufgestrichenen Buttercreme ab. Zum Begradigen am besten mit einem langen Brotmesser (möglichst mit feinem Wellenschliff) die obere Seite des Kuchens gerade abschneiden und den Tortenboden dann kopfüber auf eine Tortenplatte setzen.

MARZIPAN
Die Rohmasse besteht aus blanchierten Mandeln und Zucker. Je mehr Rohmasse im Marzipan verarbeitet ist, desto besser die Qualität.

MEHL
Meine Tortenböden gelingen mit Weizenmehl der Type 405 am besten.

MODELLIERFONDANT
Mit CMC oder Blütenpaste gemischter, sehr elastischer Fondant zum Formen von Figuren, Blüten etc. Aber Achtung: Er härtet schnell aus!

MODELLIERWERKZEUGE
Werkzeuge zum Bearbeiten von Fondant und Marzipan. Damit lassen sich Muster eindrücken, Elemente ausschneiden und vieles mehr.

MOULD
Form aus Kunststoff, meist Silikon. In großen Formen (Moulds) lassen sich Kuchen backen, in kleinen beispielsweise Fondant formen.

MODELLIERSCHOKOLADE
Die auch Rollschokolade genannte Masse aus Sirup und Schokolade ist roll- und formbar. Und sie schmeckt nach Schoki!

PIPING GEL
Dekorgel aus Sirup und Gelatine. Damit lassen sich z. B. Wasserflächen oder Spiegel gestalten. Man kann es selbst herstellen oder fertig kaufen.

PRÄGESTEMPEL/PRÄGEPLATTEN

Mit diesen Werkzeugen (engl. »pattern press«) lassen sind Zeichen oder Muster in Fondant und Pasten drücken.

RIBBON CUTTER

Dieses auch Band- oder Rollschneider genannte Werkzeug ist eine Art Rolle mit austauschbaren Aufsätzen. Rollt man damit über den dünn ausgerollten Fondant, lassen sich gleichmäßige Bänder mit verschiedenen Randformen (gezackt, gewellt etc.) schneiden.

SANDING SUGAR

Sehr grober Zucker, den es in vielen Farben gibt. Oftmals heißt er auch Dekozucker. Seine Besonderheit: Er schmilzt nicht bei Hitze.

SMOOTHER

Werkzeug zum Glätten von Fondantüberzügen, deshalb auch Fondantglätter genannt.

STRUKTURSTEMPEL

siehe Prägestempel

TORTENBÖDEN

Sie sind für Motivtorten meist recht hoch. So lassen sie sich ein- oder mehrmals durchschneiden und füllen.

TORTENPLATTEN

Darauf wird die fertige Torte präsentiert.

TÜLLEN

Aufsätze für den Spritzbeutel, auch Spritztüllen genannt. Damit werden Buttercreme & Co. auf die Torte aufgebracht. Je nach Größe und Öffnung der Tülle entstehen dabei unterschiedliche Effekte.

VANILLEEXTRAKT

Flüssige Mischung aus Wasser, Alkohol, Auszügen aus Vanilleschoten und Rohrzucker. 1 TL Vanilleextrakt entspricht etwa dem Mark von 1 Vanilleschote. Den Extrakt gibt es in gut sortierten Supermärkten und im Internet. Ersatzweise kann man auch Vanillemark oder Vanillearoma verwenden.

VEINING TOOL

Werkzeug zum Bearbeiten von Fondant mit zwei abgerundeten Enden zum Eindrücken von Linien.

WAFER PAPER

Essbares Papier, das mit Lebensmittelfarben bedruckt und beschriftet werden kann.

Umrechnungstabelle

Ø der Torte	Vanilleboden-Rezept ×	Backzeit in Min.	Schokoladenboden-/ Nuss-Orangen-Boden-Rezept ×	Backzeit in Min.	Fondant zum Eindecken	Ø Cake Drum rund	Fondant zum Überziehen des Cake Drum	Cake Drum quadratisch	Fondant zum Überziehen des Cake Drum
10 cm	0,5	25–30	0,5	30–35	400 g	15 cm	150 g	15 × 15 cm	200 g
15 cm	0,75	35–40	0,75	40–45	500 g	20 cm	450 g	20 × 20 cm	500 g
18 cm	1	45–50	1	50–55	750 g	25 cm	700 g	25 × 25 cm	750 g
20 cm	1	45–50	1	50–55	1 kg	28 cm	750 g	28 × 28 cm	800 g
23 cm	1,25	55–60	1,25	60–70	1,25 kg	30 cm	825 g	30 × 30 cm	850 g
25 cm	1,25	55–60	1,25	60–70	1,75 kg	36 cm	850 g	36 × 36 cm	1 kg

Bezugsquellen

Suchen, finden, bestellen: Anspruchsvolle Zutaten einfach im Internet kaufen!

WWW.BACKFIEBER.COM
Onlineshop rund ums Backen und Gestalten. Hier kann man auch Kurse rund um die Motivtorte buchen.

WWW.BACKFUN.DE
Backzubehör aller Art

WWW.MEINCUPCAKE.DE/SHOP
Onlineanbieter mit großer Auswahl rund um Torte und Törtchen. Hier findet man auch Airbrush-Gerät und Airbrush-Farbe.

WWW.MEIN-TORTENLADEN.DE
Kunterbunter Onlineladen rund um die schlichte bis extravagante Tortendekoration

WWW.MOULDMANUFAKTUR.DE
In diesem Onlineshop gibt's handgefertigte 3-D-Silikonformen für Torten und Cupcakes, auch die Skyline-Mould für die New-York-Torte (siehe S. 92).

WWW.PARTYDEKO.DE
Alles für die Partydekoration, inklusive Popcorntüten für die Du-bist-mein-Star-Torte (siehe S. 86)

WWW.PARTY-PRINCESS.DE
Shop mit tollen Dekorationsideen für Partys von Kindergeburtstag bis Kommunion. Hier gibt es auch besonders witzige Popcorntüten.

WWW.PURE-FLAVOUR.COM
Ausgefallene Aromen zum Backen und Kochen findet man in diesem Onlineshop, z. B. auch das Wassermelonenaroma für die Melonentorte (siehe S. 58).

WWW.SILLICREATIONS.COM/C-1332306
Silikonformen einfach selbst machen? Dieser Onlineshop erklärt, wie das geht und bietet auch gleich das passende Material dazu.

WWW.STAEDTER.DE
Renommierter Onlineanbieter mit sehr breitem Angebot rund um Motivtorten und Backen. Hier bekommt man auch Bäckerstärke und Kerzen in Sektflaschenform für die Pool-Party-Torte (siehe S. 114).

WWW.TORTEN-KRAM.DE
Bunt gemischter Tortenladen

WWW.TORTISSIMO.DE
Von der Ausstechform bis zur Tortendekoration – dieser Anbieter hat alles rund ums Backen im Programm.

WWW.WILTON.COM
In diesem amerikanischen Onlineshop gibt es wirklich alles, was das Backherz begehrt.

Abkürzungsverzeichnis

= Schwierigkeitsangabe
= einfaches Rezept
= mittelschweres Rezept
= anspruchvolles Rezept

TL = Teelöffel
EL = Esslöffel
Msp. = Messerspitze
g = Gramm
ml = Milliliter
l = Liter (100 ml)
Pck. = Päckchen
Min. = Minuten

Std. = Stunden
cm = Zentimeter
$\varnothing$ = Durchmesser
kcal Kilokalorien
EW = Eiweiß
F = Fett
KH = Kohlenhydrate

Rezept- und Sachregister

Appetit auf mehr?

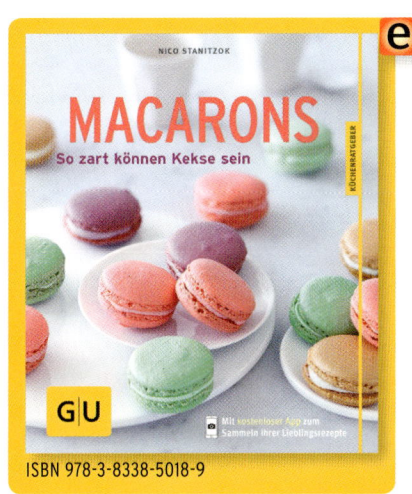
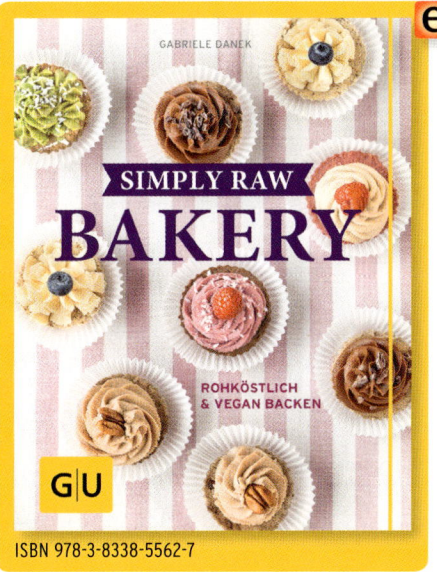

Impressum

DIE AUTORIN

Sandra Schumann ist Foodstylistin und Rezeptautorin. Ihre Leidenschaft für alles Kuliarische führte sie für einige Jahre nach Paris, wo sie bei verschiedenen Verlagen und Magazinen Kochbücher und Artikel veröffentlichte. Ihre Devise: Guter Geschmack allein ist nicht genug – auch optisch müssen Kuchen & Co. eine Menge hermachen! Bei GU veröffentlichte Sandra Schumann bereits den KüchenRatgeber Motivtorten.

DER FOTOGRAF

Mathias Neubauer ist Foodfotograf und Grafikdesigner, er arbeitet für internationale Buchverlage und Magazine wie den FEINSCHMECKER. In seinem Studio in Seligenstadt hat er zusammen mit Konditorenmeisterin **Mareike Hill** (Foodstyling) aus kiloweise Butter, Puderzucker und Fondant die schönsten Torten gezaubert und stimmungsvoll fotografiert.

Syndication:
www.seasons.agency
Projektleitung: Verena Kordick
Lektorat: Petra Teetz
Korrektorat: Petra Bachmann
Satz: Christopher Hammond
Innenlayout, Typografie und Umschlaggestaltung: independent Medien-Design, Horst Moser, München
Herstellung: Renate Hutt
Repro: medienprinzen GmbH, München
Druck: Firmengruppe APPL, aprinta druck, Wemding
Bindung: Conzella, Pfarrkirchen
Printed in Germany

ISBN 978-3-8338-5560-3
1. Auflage 2016

Umwelthinweis: Dieses Buch ist auf PEFC-zertifiziertem Papier aus nachhaltiger Waldwirtschaft gedruckt.

Backofenhinweis:

Die Backzeiten können je nach Herd variieren. Die Temperaturangaben in diesem Buch beziehen sich auf das Backen im Elektroherd mit Ober- und Unterhitze und können bei Gasherden oder Backen mit Umluft abweichen. Details entnehmen Sie bitte der Gebrauchsanweisung für Ihren Herd.

Die **GU-Homepage** finden Sie unter **www.gu.de**.

Danke!
Ein besonderes Dankeschön geht an die Städter GmbH für die Bereitstellung der Backutensilien und -zutaten in diesem Buch.
www.staedter.de.

 www.facebook.com/gu.verlag

GRÄFE UND UNZER

Ein Unternehmen der
GANSKE VERLAGSGRUPPE